いい質問が部下を動かす

林 英利

三笠書房

はじめに

いい問いが与えられれば、人はひとりでに考え始める――。それが質問の力です。

難しいマネジメント理論を学ぶよりも、プレゼンや伝え方のスキルを磨くよりも、まずは質問力を磨いて「いい質問」のやり方を身につけるほうが、ずっと効率よく、もっと確実に、できるリーダーへと成長することができます。

「まずは一回黙る。そして『あなたはどうしたいの？』と聞いてみるようになりました」

これは、ある企業の女性役員が、「質問力」を磨いた末に起こした最初の変化です。

この問いを投げかけたことで、部下の中に眠っていた考えや意欲を初めて知ったと語ります。

結果として、「部下たちは意外と考えているんだな」と気づき、「じゃあ、やってごらん」と仕事を任せる姿勢に変わったそうです。

これが彼女のリーダーシップを一変させ、チーム全体のパフォーマンス向上にもつながりました。

あなたの部下も、いろいろな考えを持っています。しかし、発言する機会がなかったり、勇気がなかったり、意欲が失われていたりして、表に出せないでいるだけです。

「いい質問」でそれを引き出すことができたら、部下はきっと変わります。

部下が変われば、上司であるあなたを取り巻く環境も、おのずといい方向に変わっていくはずです。

申し遅れました、林英利と申します。私はこれまで15年にわたり、「コーチング」を通して3000人以上の方をサポート・指導してきました。

昨今、リーダーシップのあり方は大きく変化しています。

トップダウン型のいわゆる昭和型リーダーシップではなく、部下を後ろから見守り、支え、助ける「サーバント・リーダーシップ」が、今の時代に必要とされています。

これまでとは異なる新しいリーダーのあり方に、とくにチームリーダーや中間管理職を担うビジネスパーソンは、頭を悩ませているのではないでしょうか。

その解決のカギとなるのが「いい質問」です。

「いい質問」ができる上司の元では、

- **自ら答えを出せる部下**
- **自ら動きだせる部下**
- **どんどん成長していく部下**

が育っていきます。

たとえば、多くの企業が導入を進める「1on1ミーティング」。リモートワークが普及した今、上司と部下が直接対話する場として注目を集めています。

しかし、「さあ会話しなさい」と指示されて席に着いた多くの上司と部下が、雑談に終始する結果になりました。

上司は部下との関係が深まった手応えを得られず、部下は上司への信頼が深まるどころか、気疲れするばかりでつまらない――。


そんなとき、「いい質問」があればどうなるでしょう？


質問を通じて、部下はこれまでの経験や知識、価値観を目の前の課題や状況に結びつけ、「そうか、そういうことか」とか「これだ！」と自分で納得することができます。

このように気づきを得て自ら行動を起こすのと、他者から指示されて従うのとでは大違いです。

部下のやる気を引き出し、自発性を育て、行動を後押しし、成長のチャンスを作る。新しい一面を知り、関係性を深めるきっかけにもなる。そんな魔法のような効果を発揮するのが「いい質問」なのです。

実際、「1on1ミーティング」の立て直しの支援をさせていただいたとある企業では、トレーニング前はその効果に懐疑的だった多くの管理職の方たちが、トレーニング後のアンケートでは、「積極的に取り入れていくべき」と前向きになってくれたのです。「いい質問」には、人と人との関係を改善する効果がある。私がそう自信を持つことができるのも、こうした経験をくり返してきたからにほかなりません。

私が専門とする「コーチング」は、傾聴や質問などを通じて、対象者（クライアント）の気づきや納得感を引き出し、自発的行動や成長を促すことができるコミュニケーションのスキルです。

この本は、上司の立場であるあなたが質問を使って、部下が納得感を持って行動したり成長したりできるようになることを目指すものです。

このスキルを身につける前に、もう一つ大切なことがあります。

いくらスキルを身につけても、それが部下にとって「いい質問」となりえるかどうかは、「あなたがどんな上司か」に大きく左右されるということです。

あなたを信頼している部下は、質問に快く、素直に答えてくれるでしょう。しかし、あなたに心を開いていない部下には、どんな「いい質問」も十分な効果を発揮しない可能性があります。

ではどうすればいいのか？

具体的な方法をお伝えします。

林　英利

目次

第1章 質問で部下の「自走力」を高める

第2章 この部下には、この質問が効く！

1 部下が人間関係で悩んでいるとき

2 部下のモチベーションが低いとき

3 部下の自己肯定感が低いとき

4 部下が失敗をくり返すとき

第3章 会議・ミーティングを変える質問法

第4章 これが最高の「1on1ミーティング」

編集協力◎樺木　宏／玉置見帆
本文DTP◎株式会社Sun Fuerza

第1章

質問で部下の「自走力」を高める

「質問力」で何が変わるのか？

この本を手にしたあなたは、「部下にもっと自ら動けるようになってもらいたい」とか、「部下がもっと成長してくれたら、自分は上司としての仕事に集中できるのに」、あるいは、「どう接したら、部下の成長に貢献できるだろうか」と考えているのではないでしょうか？

2022年にＡｃｔｉｏｎＣＯＡＣＨ東京セントラルが行なった調査によると、約8割の中間管理職がＺ世代社員への接し方に悩んでいるそうです。

Ｚ世代は多様性を重視し、個人としての価値を認められることを強く求める世代といわれています。

そのため、一方的に指示をするのではなく、彼らが納得感を持てる接し方をしたり、「なぜそれをやるのか」という背景を共有したりする必要があります。

また、Ｚ世代は自己成長を重視する傾向があるため、上司には、具体的なフィードバックを行ない、成長をサポートする姿勢が求められます。

もっとも、こういった姿勢は、Z世代に対してだけではなく、今やどんな世代の部下に対しても必要ではないかと私は思います。


では、どのような接し方をすれば、部下は納得感を持つことができるようになるのでしょうか？


人が納得感を得るケースは主に二つあります。一つは他人からのアドバイスなど外部からの情報によるもので、もう一つは「はじめに」で触れたように、自ら気づくことで内面に変化が生じる場合です。

前者の場合、伝え方が上手であるか、お互いの価値観が一致している場合でないとなかなか難しいものです。

一方、**後者では、自分の経験や知識、価値観が結びつくことで、「そうか」と納得したり、「これだ！」と気づいたりする瞬間が訪れます。**そのお手伝いに最適なのが、

「コーチング」を基にした「いい質問」なのです。

成長のカギとなる「いい質問」

「コーチング」は、質問を通じて相手の気づきや成長を支援する手法です。

コーチングの究極の目的は、クライアントの人生がより充実し、生き生きと生きていけるようになるということです。

そのために必要なのは「成長」であり、成長していくためのサポートをしていくことが、われわれコーチングを生業《なりわい》とする者の役割だと考えています。

ゴールにあるのは「幸せ」です。

その手前には「成長」があって、成長につながるまでには小さな成功、大きな成功、それからいくつかの失敗がきっとあるでしょう。

単に「成功」といっても奥行きがあって、たとえ金銭的な成功を得たとしても、それが幸せに結びつくかどうかは人それぞれです。

なぜ今、質問なのか？

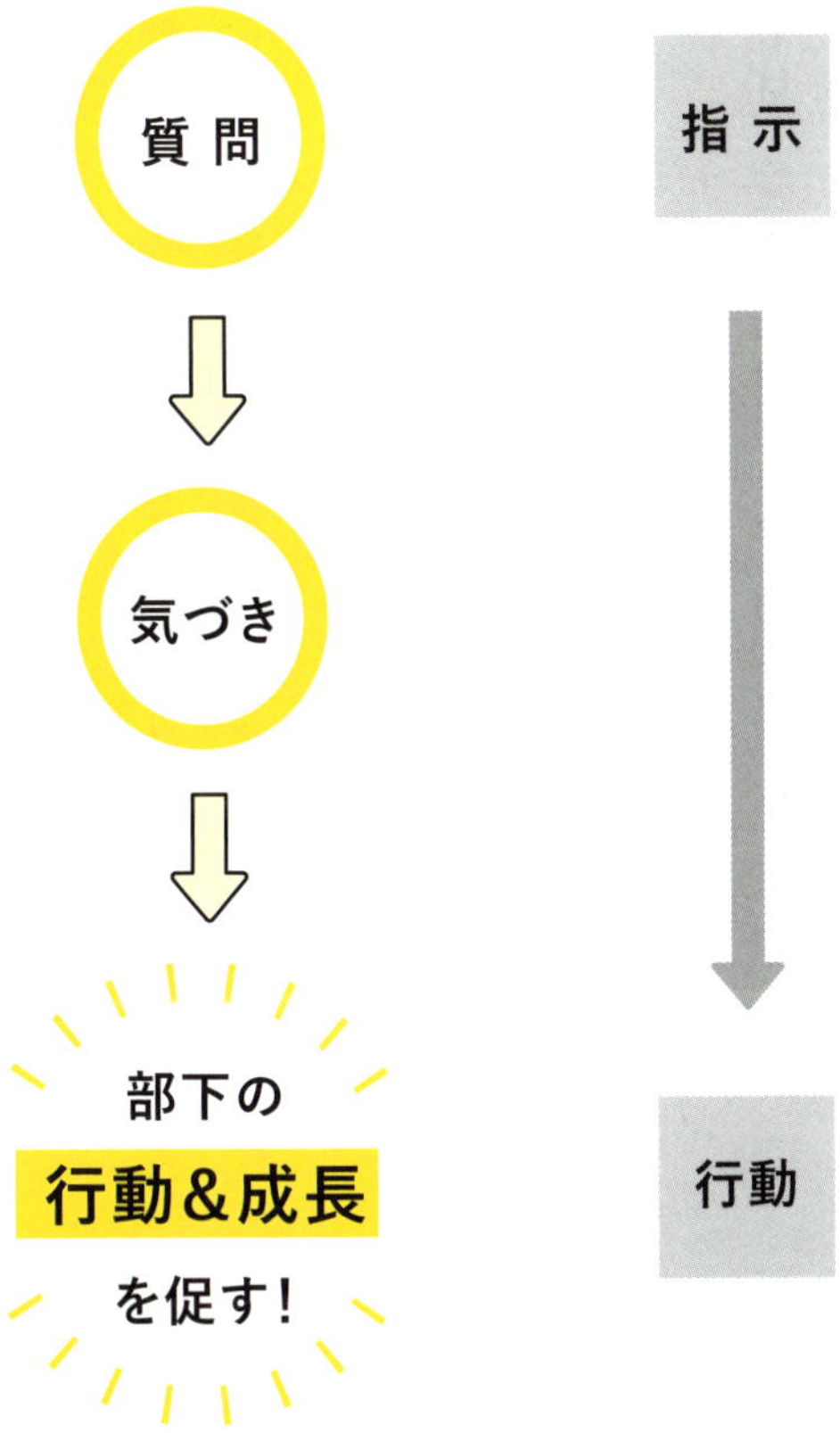

一つの金銭的な成功が新しいチャレンジにつながることもあるかもしれませんが、逆に慢心につながり結果として不幸を招く恐れもあるでしょう。

ゴールにたどり着く道の途中には、さまざまな試練があります。そこで生まれてくる迷いや不安、疑問に、クライアント自身が答えを見つけ、歩みを止めることなく進み続けられるように、われわれはコーチングによって支援します。

上司と部下の関係も、同じことではないでしょうか。部下の成長のために、上司はどう声をかけ、どんなコミュニケーションを取ればいいのか――。

そのとき、うまく活用できると劇的な効果をもたらしてくれるのが「質問」です。

・どう問いかければ、部下が自らの答えを出せるのか？
・どう問いかければ、部下が自ら動きだすのか？
・どう問いかければ、部下がますます成長していくのか？

本書では、部下が自ら考えて動く〝自走力〟を育てるために有効な、上司の「いい質問」とは一体どのようなものなのかについて、私の長年培ってきたコーチングの知識と経験を基に、読者のみなさんにお伝えしていこうと思います。

部下が「動かない」五つの理由

最初にお話ししたように、「いい質問」とは「部下を成長させる質問」です。

ところで、私は職業柄、管理職の方たちの悩みを耳にする機会が多いのですが、昨今のリモート社会ではどうやら「指示待ち部下」が増えているというのです。

どうして、リモートワークだと「指示待ち部下」が増えるのでしょうか？

いくつか理由が考えられますが、そもそも、部下が「仕事は上司から与えられるもの」とか、「仕事が早く終わったら、余った時間は自分の自由時間」などと誤った認識を持っていたとします。

そういった部下だとしても、対面で働いていて上司や同僚が忙しくしていれば、「何か手伝いましょうか?」と声をかけることでしょう。

でも、リモートであれば周りの人が見えないという「都合のいい環境」ですから、わざわざ自分から仕事を取りにいくようなことはしませんよね。

とくに問題があることを知らされていなければ、「仕事は問題なく回っているから、自分が余計なことをする必要はないだろう」と思うでしょう。

でも実際のところ、管理職の人たちからは、「本来部下がやるようなことまで自分がやっていて、目が回るほど忙しい」という声が多く聞かれるのです。

要するに、「自走力のない部下」に上司は困っているわけです。

ではなぜ、多くの部下たちは、自ら考え、動くことができないのでしょうか?

一つには、そもそも組織とは、ある目標があって、その目標と役割を細分化し、それぞれが協力して達成することで成り立っているものだ、ということを理解していない可能性があります。これは、質問以前に教えておくべき基本的なことです。

また、**部下がチームの業務や自分のタスクに取り組む際、次の五つの「ない」が障害となっている場合があります。**

①目標がわかっていない
②手段がわかっていない
③プロセスがわかっていない
④道具を持っていない
⑤動きたいと思わない

たとえば、カーナビを利用するためには、まず「目的地」をセットしなければなりません。目的地が決まったら、いくつかのルートを提案してくれますから、そこからどのルートで行くのかを選ぶことで、出発することができます。

また、動力がなければ車は動きませんし、運転手が出発しようと思わなければやはり動きません。

これは、車に限らず人も同じではないかと思うのです。

「とにかくやれ」では部下は動かない

目標といっても、大きな目標もあれば小さな目標もあるでしょう。「この仕事をやりなさい」と小さな目標を与えられ、受け取ったとしても、

「この仕事はなんのためにやるのか？」

「本当にやる必要があるのか？」

という、その先の大きな目標が見えていないと、やる気が湧いてこなかったり、方向性を間違ってしまったりします。

ビジネスパーソンは会社という大きな船に乗っている以上、船の乗組員として共有すべき大きな目的地があるわけです。

全体としてはそこに向かって一緒に進んでいます。ただ乗組員一人ひとりの単位で見ると、船の中でさまざまな役割を担っているし、いくつかの小さな目標に向かって動い

ています。

だから上司は、まずは会社の方針・目標をしっかりと部下に教育しなければなりません。

その上で、

・君はこの船で何をしたいのか？
・君は船に乗っているみんなのために、どういう貢献をするのか？

という点について、本人の自発性を引き出していくことがモチベーションにつながっていくのです。

場合によっては、上司が気づいている部下の資質や強みに、本人が気づいていない可能性もあります。

そういうときは、「君にはこういった強みがある」とフィードバックする必要があるでしょうし、最終的には、やはり本人がやりたいと思う形で仕事ができるようにバックアップしていくことも大切でしょう。

目標がはっきりすれば、手段やプロセス、必要な道具はおのずと見えてきます。何が必要なのか、そのツールはどうすれば手に入るのかがわかってきます。

「質問」以前の上司と部下の関係

目標の共有と同様に、部下の行動に大きく影響するのが上司との関係性です。

どんなに優秀な部下であっても、上司との関係が悪ければ、モチベーションも効率も一向に上がらないでしょう。

管理職向けの研修で、私はよくこんな質問をします。

「みなさんには、尊敬できる上司と、できない上司がいますか？　それぞれから同じアドバイスを受けたとき、抱く感情は同じですか？」と。

すると、必ず「違う」と答えが返ってきます。

だから、「質問のスキルを身につける」といっても、ただ耳ざわりのいい、かっこいい質問のワードを覚えるだけではダメなのです。それ以前に、確固たる関係性を部下との間に築いておかないと、どんなスキルも機能しません。

では、自分の言葉に耳を傾けてもらうために、どんな上司であればいいのでしょうか？　穏やかで思いやりのある上司を演じればいいのでしょうか？

なぜ「部下を叱れない」のか？

最近、管理職の方たちに話を聞くと、部下にどう接するかについてほとほと困っているようです。

「ハラスメント、ハラスメントと会社がうるさいので、部下に注意もできない」と。

その結果、部長も課長も必要以上に部下に遠慮しているように見えます。

お客さんを目の前にして「名刺を忘れました」と言う部下を指導することもできずに、笑ってその場をごまかしたという話を聞いて驚きました。

そこで厳しく叱ろうものなら、「ハラスメントで訴える」と言いだす部下がいるというのですから、どうしようもありません。

もちろん、パワハラ、セクハラは絶対に許してはいけません。それは当然のことです。ただ、「ハラスメントを許さない」という意識が高まりすぎて、仕事でミスをした部下に適切な指導をすることすらはばかられるような状況にあるとしたら、むしろ悪い方向に進んでいるのではないかと私は思うのです。


もちろん私は、**「この時代、『令和型』のリーダーシップがないと管理職は務まらない」**と考えています。

「令和型」のリーダーシップというのは、いわゆる支援型――「サーバント・リーダーシップ」です。上司は部下たちを前面に出し、彼らを後押しすべく行動します。積極的に部下と関わり、部下に奉仕しながら、進むべき方向を指し示すという支援型のリーダーシップです。

一方、「昭和型」のリーダーシップというのは、リーダーが先頭に立ち、旗を掲げ、目標を指差して、指示や命令を出しながら「俺についてこい！」と部下を引っ張っていくやり方です。

「令和型」と「昭和型」にはこのような違いがあるのですが、令和型だからといって部下を叱ることができないというのは、間違っているように思います。

「昭和型」のリーダーシップは悪なのか？

今、ビジネスの世界は一にも二にもスピードが求められます。素早く次々と決断を下していかなくてはなりません。

昭和のアナログな時代は、何かが起きたとき、ひとまずリーダーの判断を仰ぎ、その決断を待つだけの猶予がありました。

しかし、今の世界ではその悠長さは通用しません。現場の人たちが判断して、スピーディーに物事を進めていく必要に迫られたからこそ、上司から現場の部下への権限移譲の重要性が高まり、支援型のリーダーシップが求められるようになりました。

しかし、最近の現場の現状を垣間見るにつれ、令和に失われてしまったもの、つまり

「昭和型」リーダーシップの中にも、現代に取り入れるべきもの、取り戻すべきものがあるのではないか――今、それを考える時期にきているのではないかと思うようになったのです。

これまで、従業員にとってその企業が優良かどうかを比べるときは、「ホワイト企業」か「ブラック企業」かという捉え方をしてきました。

しかし最近、「プラチナ企業」という言葉が聞かれるようになりました。ブラック企業が「働きやすさ」も「働きがい」もない残念な企業であるのはいわずもがなです。一方で、ホワイト企業は、従業員にとっては快適でも、企業として結果を出しているかというと、そうとはいえない部分があります。

その点、プラチナ企業は、「働きやすさ」と「働きがい」を高いレベルで兼ね備えています。残業も多く忙しくはあるのだけれど、働きがいがあるし、結果も出ている企業です。

これを実現する方法として、「昭和型」の中から「令和型」にも活用できるもの、む

本物の優良企業とは?

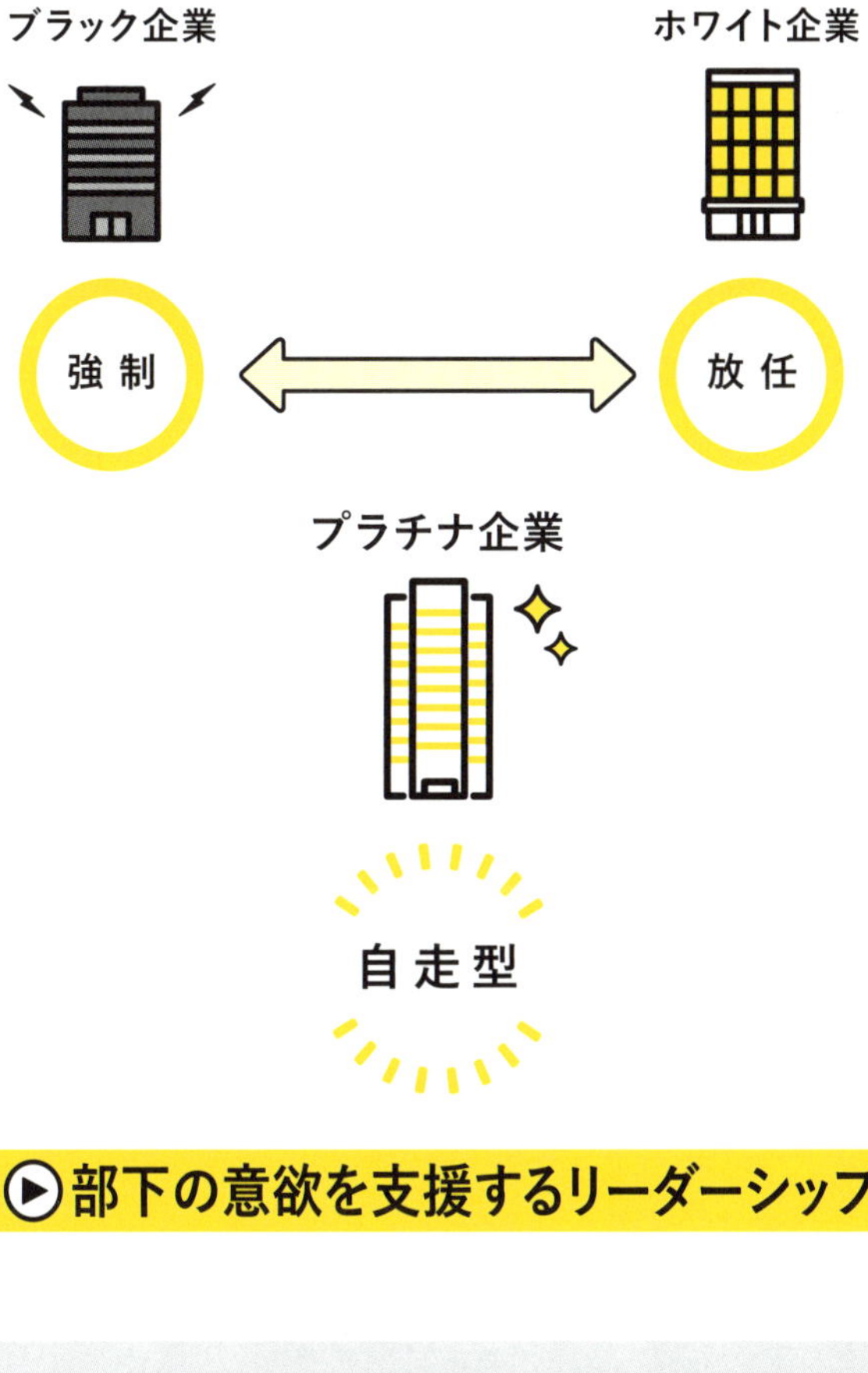

▶部下の意欲を支援するリーダーシップ

しろ活用しなければならないものがあるかもしれません。

リーダーシップのあり方に今、揺り戻しがきています。

行きすぎてしまったやり方や考え方を、回帰させるときがきているように思います。

私が接する管理職の方たちに聞くと、「やはり何かが間違っている」と多くの人が感じているようです。

昭和のアナログ時代に比べ、デジタル化が進んだ現在、仕事はラクになっているはずなのに、なぜか忙しさはたいして変わりません。

むしろスピードが求められるぶんだけ、より忙しくなっているかもしれません。

そうした環境の中で、「自走できる部下」――つまり、自ら考え、行動し、前に進んでいける部下を育てることが、上司の役割として以前よりも強く求められているように感じます。

そして、部下の「自走力」を育てるのに一役買うのが、上司の「いい質問」なのです。

「モチベーション3・0」とは？

よちよち歩きのお子さんは、傍《はた》から見ていると危なかっしいですよね。「抱っこしてあげてもいいのに」なんて思ってしまいますが、いざ親御さんが抱き上げると、子どもは「わーっ」と騒ぎながら足をバタバタさせて嫌がることが多いものです。

自分の足で、自分の思うように歩きたい。

そんな気持ちが、幼い子どもの中にもあるのだなと気づかされます。

そして私たち大人の中にも、同じ気持ちがあるはずです。

しかし、社会の中で、企業の中で、「そっちに行ってはダメだ」とか、「そんなやり方じゃダメだ」とかあれこれ制限され続けているうちに、自ら考え、行動することを放棄して、「言われた通りにやっておけばいい」と諦めてしまった人が少なからずいるのではないでしょうか。

しかし本来であれば、

「こうしたらうまくいくのではないか？」

「こうやったら面白くなるんじゃないか？」

と自分で考え、実践していくことにこそ喜びを感じるはずです。


かつて、社員のモチベーションを上げるために多くの企業が行なっていたのは、「アメとムチ」、つまり、報酬と処罰による外発的動機づけでした。経営側から見て満足のいく成果が出せた社員には報酬を与え、そうでなければ罰を与えるというやり方を取ったのです。

その結果、「ボーナスがアップするからがんばろう」「上司に叱られないようにがんばろう」といった行動を社員に促しました。いわゆる「モチベーション2・0」と呼ばれた概念です。


ところが近年、アメリカの文筆家ダニエル・ピンクが提唱した「モチベーション3・0」という新しい概念が注目されるようになりました。

これは、**本人の内面からやる気を引き出すことこそ重要**であるとしています。「自分がやりたいからやる」という内発的動機づけによって、モチベーションをより長く維持できる上、より効率的に発揮できるという考え方です。

モチベーション3・0には、

①自律性
②熟達
③目的

という大きな三つの要素があります。

これらがそろうことで、本人の内発的動機を引き出すことができるのです。

さらにいずれも、部下の「自走力」を高めることにもつながりますし、サーバント・リーダーシップにも通じているという点で、上司から部下への「質問」の中にも取り入れていきたい要素であることは間違いありません。

「いい質問」は部下の意欲を後押しする

札幌で仕事をしていた会社員時代、私は毎日とても忙しくしていました。

そしてあるとき、こんなに忙しいのは、会社から「こうやりなさい」と指示される仕事のやり方に非効率なものがたくさんあるからだと気づいたのです。

仕事をしていると、「こうすればもっと効率よくできるのに」と、あれこれ思いついてしまいます。

そして、頼まれてもいないのに夜11時、12時まで、誰もいなくなった職場に残って、情報共有の方法を改良したり、業務品質の改善を行なったりしていました（ちなみに「みなし残業」制度だったので給料は変わりません）。

この残業が、つらいどころか面白くて仕方なかったのです。

「これができれば、みんなの作業がラクになるはず」

「まだ誰もやっていないことをやっている」

「自分のやりたいことができている」

だから、いくら残業しようと苦になりませんでした。


残業、というワードだけで拒否反応を示す人もいるかもしれません。

ただ、想像してみてください。

あなたは今、念願のやりたかった仕事をようやく任されることになりました。やる気も集中力も高まってきて、作業もノッてきたところで、

「さあ定時だから帰りなさい」

と強制されたら？

「今はもっと仕事がしたいのに」

とモヤモヤしませんか。

やる気はあるのに、環境がそれを許してくれない。

この問題を抱えてきたのがホワイト企業です。

一方プラチナ企業は、ここで社員のやる気を無理やり削ぐことなく、仕事をする機会を与えます。

そうすることで、社員のモチベーションが上がるのはもちろん、会社としてのパフォーマンスも同時に上がっていきます。

同じように「いい質問」も、部下のやる気を削ぐことなく、チャンスを与え、さらに後押しするようなものであれば最高です。

極めてシンプルに表現するなら、

「こうやってやりなさい」

と頭ごなしに指示するのではなく、

「自分で考えてやってみたらいい」

「サポートは任せて」

と、部下を支援しようとする上司の姿勢が、部下に伝わるようなものであると、「いい質問」は効果を発揮するのです。

「どうやるとうまくいくと思う？」

「どんな工夫ができそう？」

「自分のどんな能力が発揮できそう？」

「どうすれば、もっと上達できそう？」

「あなたが大切にしていることと、どう関係しそう？」


このような質問をすることで、部下の内発的動機を引き出すことができます。

部下の意欲を失わせる「誘導尋問」

では逆に、部下に問うべきではない「悪い質問」とはどのようなものか。

それはたとえば、相手の意欲を失わせるような質問です。

コーチングでは「**誘導尋問」といわれるNGなやり方**があります。これは質問という形ではあるけれど、自分の意図する方向に相手を誘導する質問のことで、相手のやる気を削いでしまうのです。


「こうしたほうがいいと思わない？」

「これならできるよね？」

などと上司に問われたら、

「たしかに、いいと思います」

「はい、できます」

と部下はきっと答えるでしょう。なぜなら、そう答えるように期待が込められているのが丸わかりの質問だからです。

「いいえ、まったく思いません」

「いいえ、できません！」

などと、上司の意見に真っ向から反対するような返答ができる部下など、そうそういないでしょう。

こういうやり方で部下に意見を押しつけても、部下のモチベーションは上がらないし、いい結果にもつながりません。その結果、評価を下げるのは、部下を指導できなかった上司のあなたです。

問いかける側は、答える側が本心を隠してしまわないように配慮して、言葉を選ぶ必要があります。

「自分の気に入る答え」を部下に求めてはならない

相手に何かを問いかけるという点では、クイズやなぞなぞも同じですね。

ただ、これらがコーチングと大きく異なっているのは、クイズやなぞなぞでは「質問する側」が答えを持っているのに対し、**コーチングでは「質問に答える側」が答えを持っている**という点でしょう。

しかし、上司の中には、部下の答えを聞いているようでも、「私の頭の中にある考えの通りに答えたら、正解」

と、勘違いしている人が少なからずいます。自分が思うような返事が返ってこないと、不機嫌になったり、叱ったり、バカにしたりするのです。

そういう上司の前では、部下は相手の顔色を窺《うかが》いながら、「自分の考え」はいったん脇に置いて、「上司の気に入る答え」を必死に考えて答えるようになります。

部下の考えが引き出せないのであれば、それは「悪い質問」にほかなりません。

つまり、どんな質問をするか以前に、普段からどのような姿勢で部下と向き合っているのか、どういった関係性を築いているのかが、とても重要になってくるのです。

「これは今、問うことか?」と自分に問う

2023年10月ごろから始まったガザ地区でのイスラエルとハマスの紛争について、テレビ番組であれこれ議論しているのを見ていたときのことです。

一人の専門家がこのような発言をしました。

「われわれは『質問』を間違えてはいけないと思うんです。『イスラエルとハマス、ど

ちらが悪いか』ではなく、『どうしたら一般市民の命を守れるか』という質問について議論しなくてはいけない」

なるほど、と私は思いました。


「今、この状況において、どんな質問をするのか?」


この自問こそまさに「いい質問」です。

「これは今、問うべきことか?」という視点から導き出される質問も、また「いい質問」になりえます。

部下から「想定外の答え」が返ってきたらチャンス

部下が質問に答えたとき、それにどう反応するか。

この点も、上司が手腕を問われるところです。

せっかく「いい質問」を投げかけても、返ってきた部下の答えや考えに対して適切に返すことができなければ、部下の成長の機会が失われるかもしれません。

くり返しになりますが、質問の答えは、常に「質問に答える側」が持っています。

ただ会話の主導権を握っているのは、「質問をする側」です。

その会話がどのような方向へ向かっていくのか、ある程度コントロールできるのは上司であるあなたです。

あなたが目的を見失ってしまうと、せっかくの「いい質問」も効果を発揮することができません。

その一方で、間違ってほしくないのは、本当に純粋な意味でのコーチングとは、コーチがクライアントを誘導するものではないということ。クライアント自身が考えたいことを深掘りするための、サポートをするのが本来の役割です。

もしかしたら部下が、こちらの想定を大きく飛び越え、思いがけない方向から、想定外の返答をしてくるかもしれません。

そういうとき、

「なんでそんな答えになるんだ？」

「いやいや、そうじゃないだろう？」

ではなく、

「おお、そうきたか！　どうしてそう考えたのか、聞かせてくれる？」


と、好奇心を持って受け止めてみてください。

自分の意見に興味を持ってもらえたと感じれば、部下も話しやすくなります。

話を聞けば、部下が思いがけず深いところまで考えていると知るかもしれないし、単なる思いつきであったとわかるかもしれません。

どちらでもいいのです。

とにかく、想定外の返答がきたときは「チャンス」。

なぜなら〝想定外〟は、〝新しい何か〟につながる可能性があるからです。

部下の突飛な意見を面白がれるか？

コーチングでも、「想定外」に目を向けさせるために、質問を活用することはよくあります。

たとえばプロジェクトが終了した段階で、

「この経験で得られた最大のものはなんだろう？」

「うまくいかなかったからこそ得られたものはなんだろう？」

などと振り返ってもらうことがあります。ずばり、

「今回の件で、想定外に得られたものはなんだろう？」

と問いかけてみるのもいいでしょう。

すると、

「スケジュールの都合で予定になかった外部の業者に依頼したけれど、案外スムーズに進行し、信頼できる相手とのつながりもできたので、今後もお付き合いしていけそうだ」

「急な仕様変更で、これまでやったことのない方式を導入せざるをえなかった。でも、思いのほかいい結果につながったから、今後も新しいやり方を活用していきたい」

といったように、次につながる「新しい何か」が見出されることがあります。

だから、「想定外」はチャンスなのです。

突飛に思えた部下の意見を深掘りしてみたら、新しい発見につながるかもしれません。

ですから**上司は、部下のどんな返答にも、戸惑ったり反発したりしないようにすること。**

まずは受け止め、新しいこと、面白いことにつながらないか興味を持って耳を傾け

る。この姿勢を、常に貫くことが大切です。そして、

「どうしてそう思った？」

「もっと詳しく教えてくれる？」

と、聞いてみてください。

部下は上司の〝ここ〟を見ている

上司として部下に「いい質問」をするためには、もちろんスキルが必要です。ただ、スキルだけでは足りません。

その土台としてマインドが整っていることも、また同じぐらい重要です。

わかりやすくいえば、日頃から部下に対する好奇心や興味、関心を持つことが大切です。

部下にいい質問をするためのマインド

私の部下は……

誰のために――

なんのために――

どういう思いで――

働いているか？

に常に関心を持つ

・どういう目的を持っているのか？
・どんなことに興味を持って働いているのか？
・仕事で何を成し遂げたいと思っているのか？
・仕事をすることで何を得ようとしているのか？
・日々どんな思いで仕事に向き合っているのか？
・なんのために働いているのか？
・働いて誰を喜ばせようとしているのか？

興味があるからと、根掘り葉掘り聞くとハラスメントだと言われるこのご時世ですが、部下が日常で見せる何気ないひと言や行動をしっかりと観察していれば、見えてくることはたくさんあります。質問によってわかることもあるでしょう。

くり返しますが、とにかく上司は、部下に関心を持つことが第一です。

自分に興味を持ってくれているか――？

部下も上司のことをよく見ています。

「この人は自分の話を聞いてくれるな」

と安心させることができれば、部下は自分から話してくれるでしょう。

「どうもこちらに関心がないようだ」

と思わせてしまえば、部下は近寄ってさえこなくなります。

形だけの「いい質問」では、部下の心を開くことは難しいのです。

「今どき部下」が本当に望んでいること

とある老舗《しにせ》の大企業の海外法人で10年近く社長を務めたあと、コロナ後に日本に戻ってこられた方とお話しする機会がありました。

その方が今注力していることは、低下してしまった社内のエンゲージメントを高めることだそうです。

コロナ後、飲みニケーションが昔に比べて格段に少なくなったことは広く認識されていますが、このことは、どちらかというと、とくに若い世代には、好意的に受け取られているという印象があります。

たしかに、行きたくないのに上司に無理やり連れていかれて、過去の成功談について延々と語られたり、終わらない説教を受けたりと、部下に忌避《きひ》されても仕方がない悪習もありました。

しかし、いざ飲みニケーションがなくなってみると、上司と部下との関係性は希薄になり、距離は開いていくばかりです。

ということは、「上司と部下の関係性を構築する」という点において、組織は少なからず飲みニケーションに依存してきた部分があったのではないかという見方もできます。

そして飲みニケーションがなくなってしまった今、経営側は、業務時間内で飲みニケーションと同じだけの成果が見込める関係性構築のための仕組みをどうやって作っていくかについて、考えなければならなくなりました。

働き方が変わった現在でも、上司と部下のコミュニケーションを保てる仕組みの必要性は変わらないのです。

一方で、若い世代の多くは、「上司にプライベートにまで踏み込まれたくない」「個人的なことまで話したくない」と、仕事とプライベートをしっかり線引きしている印象がありませんか。

私もそうだったのですが、じつは先日、そのイメージを覆す出来事がありました。「1on1ミーティング」を導入している企業の、入社2年目の社員の方に、「1on1ミーティングについてどう思っているか」についてインタビューを行ないました。

すると、「この時間がすごくありがたい」という答えだったのです。

「1on1ミーティング」を行なう前は、上司とプライベートのことなど話したこともなかったけれど、今では心理的な距離が近づいたと感じるようになったそうです。

これまでは仕事中、疑問があっても、「忙しそうにしているから申し訳ない」と遠慮して上司に質問できなかったのに、今では質問もしやすくなったと言っていました。

「1on1ミーティング」の基本として、そのとき何について話すかは、部下側が決めます。テーマを課せられたり、上司の話やお説教を延々と聞かされたりするようなことはなく、自分が話したいことを自由に話せるから、ミーティングにもあまり気張らずに臨めたそうです。

こうした感想を持つ人ばかりではないと思いますが、**若い人の中にも、上司との距離が縮まって仕事がしやすくなったと感じる人はいる**ということです。根掘り葉掘り詮索されるのはいやでも、自分の話を聞いてほしいと思っている人はいるのです。

ですから上司は、部下に関心を持ってあげてください。

「なんでも聞く。受け止める」

そういう覚悟を持ち、そのメッセージを自らの言動で発信していくことが大事です。

そして上司と部下の「いい関係性」という土台があると、「いい質問」はより効力を発揮します。

プレイングマネジャーから脱け出せない人たちへ

「いい質問」によって部下の「自走力」を育て、成長を促すことができたら、それは部下のためになるだけでなく、上司であるあなた自身のためにもなります。

今、企業は規模の大小を問わずどこであっても、上司という立場にある人たちはとにかく忙しくしています。

彼らの話を聞いてみると、本来はその役職にいる人の仕事ではないことまでやっているのです。

大手企業の部長クラスの人であっても、いまだにプレイングマネジャーという状況から抜け出せない人が増えてきています。２０１９年にリクルートワークス研究所が行なった調査によると、国内の約87％のマネジャーが「プレイングマネジャー」だといいます。成果主義や人材不足による影響も大きいのだと思います。常に業務過多の状態に陥っています。

しかし、部下たちもとても忙しい。だから上司は普通であれば若い社員に任せるような仕事まで、自分でやらざるをえなくなっています。

その上で、本来の役職の仕事もこなし、部下たちの面倒も見なくてはならないのですから、疲弊しきっているのも当然です。

この問題から抜け出すために、一体何ができるでしょうか。

人が足りていない、という問題はありますが、これについては経営側の方針によりますから、一社員としてはどうしようもない面があるでしょう。社員としてできることは、「部下の育成」にほかならないと、私は思います。

部下が自走力を身につけ、より効率のいいやり方を習得するなど、こなせる仕事の量や質がアップすれば、上司が部下に任せられる仕事も増えるはずです。

そうすれば、上司も本来やるべき業務に、多くの時間を充てることができるようになります。

そして、それを実現するための強力なスキルが「質問力」です。

・質問力を磨くためにはどうすればいいのか？
・いつ、どんな質問を投げかければいいのか？

次章から具体的に見ていきましょう。

第2章

この部下には、この質問が効く！

questioning skill

1 部下が人間関係で悩んでいるとき

「違う」ことを認め合うのが前提

人間関係で悩む部下にかける「いい質問」について話をする前に、少しだけ根本的な話をさせてください。

なぜ人は、人との関係で悩むのか。

私が思うに、自分の意見や価値観と、相手のそれとが合わないことに、人はストレスを感じるからではないでしょうか。

そりの合わない上司や、後ろ向きな発言ばかりの同僚、能天気なことばかり言っている部下……。

可能ならば関わりたくないけれど、仕事関係の相手となるとそうもいきませんよね。

同じ部署だったり、同じプロジェクトチームにいたりすれば、合わないからといって会話を避けたり、接する機会を減らしたりといった対応策を取ることも、自分の裁量では思うようにできない場合があるでしょう。

一体どうすればいいのでしょうか。

大事なのは「認める」こと。

相手を認めるという意識を、お互いに持つことです。

簡単なことではない、と思うかもしれません。そういうときは、ちょっと視点を変えてみましょう。

私たち人間は決して完璧ではありません。一人ひとりは不完全です。

でも、それぞれが何かしらの強みを持っています。

プレゼンがうまい、資料をまとめるのが速い、コミュニケーション力に優れている、事務仕事が得意……。

強みは十人十色であり、それらを持ち寄り、活かすことで成り立っているのが組織です。つまり、自分と異なる人がいてこそ、分野も広がり、視野も広がって、組織として力を発揮することができるというわけです。

お互いが違うからこそできることがある。

だから、「違う」という事実を認め合うことが大切なのです。

コミュニケーションに役立つ性格診断ツール

相手と自分は違うと「認める」。

その手段として役立てるとしたら、「ＭＢＴＩ®」や「16 Personalities」などを使ってみるのもいいでしょう。

これらは、最近、世界中で注目されているパーソナリティ診断の一つで、若い人たちの間でも流行っていますから、耳にしたことのある方も多いでしょう。

そもそもこれらの性格診断は、自分がどういったタイプの人間なのかについて理解するためのものです。

自分のパーソナリティがわかれば、強みや苦手なこと、組織内で担う役割などを知ることができます。

また、相手がどのパーソナリティに当てはまるのかを知れば、その人のことを理解したり、自分と合わない点に気づいたり、どう向き合うか対処法を把握したりすることもできるのです。

「16 Personalities」は、質問に答えるだけでできる性格診断で、オンラインでもさまざまな診断サービスが提供されています。チームでの仕事を円滑に運びたいときなど、お互いを理解し認めるために、こうした診断を取り入れてみるのもいいかもしれません。

また、「16 Personalities」同様、**円滑な人間関係に役立つツールとして、私がかねてより取り入れてきたのが「DiSC理論」**です。

人間の行動傾向を大きく4タイプに分類し、自分、もしくは相手がどのタイプなのかを理解することで、お互いのコミュニケーションのやり方がどう違うかを知ることができます。

20世紀前半にアメリカの心理学者ウィリアム・モールトン・マーストン氏が提唱したもので、以来世界的に多くの企業で導入されてきたコミュニケーション理論ですから、ご存知の方も少なくないでしょう。


どういったツールがいいか悪いか、という話ではありません。どのツールにも特徴があります。

ただ、自分と相手の考え方や価値観が「違う」ことを知り、認め合う。うまく活用すれば、お互いのコミュニケーションにおける長所と短所を把握し、任せられるところは任せ、苦手な面ではサポートしていくといったような応用もできます。

結局のところ人間関係は、認め合うのが大前提。

ここから始めなければうまくいきません。自分と違うからと相手に反発し、拒絶しているうちは、どんな魔法のひと言も効力を発揮してはくれません。

DiSC理論による4分類

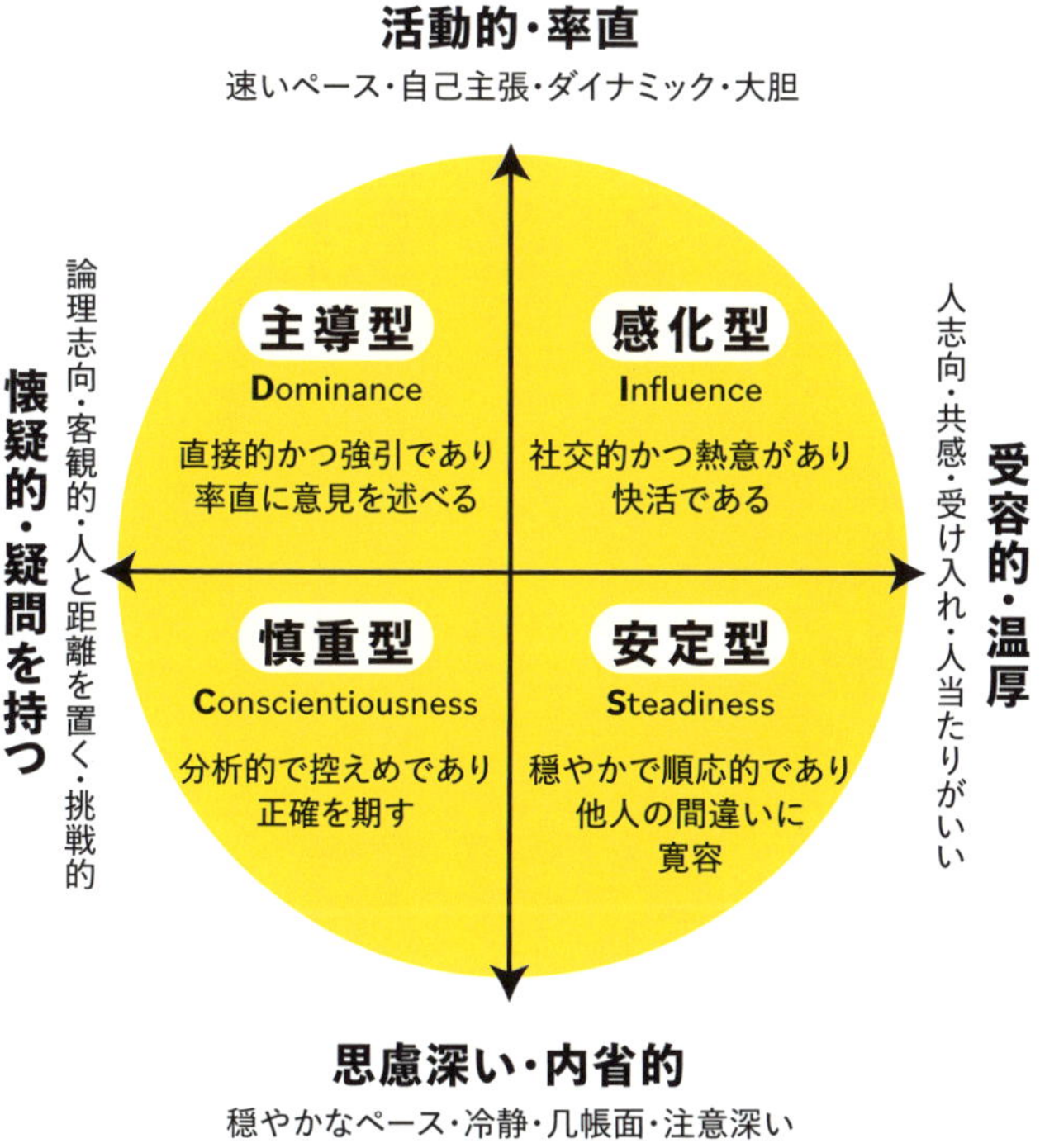

何も「相手を好きになれ」といっているのではないのです。

どうにも合わない相手というのは必ずいますし、自分の心にふたをして我慢してまで無理に付き合う必要はないでしょう。

ただ、その人があなたと違う面を持つという事実は「悪」ではないし、自分と違うからといって必ずしもあなたより優れているとも劣っているとも限りません。

「違う」という事実と、「善悪」や「優劣」とは無関係であることを、肝に銘じておきましょう。

最初の声かけはシンプルに

部下が仕事上の人間関係で悩むとなると、その対象となるのはもっぱら上司なのではないかという気もしますが、ほかにも先輩との関係、同期との関係、取引先との関係で悩むケースもあるでしょう。

「じつは、あの人とトラブルがあって……」

と、部下のほうから相談を持ちかけてくれればいいのですが、それは上司であるあなたと部下の関係が良好でない限りはあまり期待できません。

関心を持って部下を見ていれば、「最近どうもおかしいな」と勘づくこともあるでしょうが、だからといって、

「今、○○さんともめてるでしょう」

「最近、うまくいってないみたいじゃないか」

などとダイレクトに切り込むのも考えものです。

「なぜ知っているのか」「どこからその話を聞いたのか」などと、かえって部下が警戒を強めることになりかねません。それにそもそも、部下が抱える悩みに気づけないケースのほうが、ずっと多いでしょう。

では、部下が上司に悩みを相談しやすくなる「いい質問」とはどんなものか――。

ありきたりに思うかもしれませんが、

「最近どう?」

というシンプルなひと言が一番です。ほかにも、

「最近、うまくいってる？」

「今、どんな感じ？」

といったように、あえて抽象的に、範囲を限定せず、深刻になりすぎない質問で、探りを入れてみましょう。

そんなのでいいの？　と思うかもしれません。

そんなのでいいのです。大切なのは、

「いや、じつは同僚とうまくいってなくて……」

と、部下が悩みを話しやすくなるような〝きっかけ〟を作り出すことです。

「話してもらう」のが解決の第一歩。部下から悩みを告白してもらわないことには、次の手を打てませんよね。

ただ、この質問が「いい質問」となりえるためには、**「この上司になら悩みを聞いてもらえる」と、部下からある程度の信頼をすでに得ていることが条件**といえます。

逆にいえば、「最近どう?」というひと言によって悩みを打ち明けてもらえたなら、部下とのいい関係性が築けていると考えてもいいでしょう。

部下の視点をスイッチする質問

部下が話し始めたら、まずは腰を据えて聞いてあげてください。

部下の「話を聞いてもらいたい」という気持ちをまずは受け止めましょう。

これまで溜まりに溜まった鬱憤《うっぷん》を吐き出して、ガス抜きしてもらいます。ガス抜きに付き合いながら、相手がどんな思いでいるのかを理解することに注力してください。

このとき注意したいのは、問題の解決を急ぎすぎないこと。

そもそも悩みがあるからといって、その部下が上司に対して「解決策」を望んでいるとは限りません。現状を知っておいてほしいだけかもしれないし、ただ悩みを吐き出してすっきりしたいだけかもしれないのです。ここは聞き役に徹することです。

ガス抜きがあらかた終わったようだと感じたら、次の段階に進みます。

少し冷静に、そして客観的に今の状況を俯瞰できるように、次のように視点を変えるような質問をしてみましょう。

「相手と比較的うまくいくときってどんなとき？」

「相手にはどんな目的があると思う？」

「相手は何を気にしていると思う？」

こんなふうに視点を変えることで、今まで見えなかったものが見えるようになったり、見え方が変わったりすることがあります。

ここでのポイントは、部下の視点を「相手」に向けさせること。

人間関係で悩んでいるとき、私たちはどうしても自分の気持ちにばかり意識が向いてしまいます。傷ついた気持ちや迷い、不信、悲しみに気を取られてしまいます。そこか

ら離れて、

・相手はどうだったのか?

という方向から考えてみるように、「質問」で促してみましょう。

「三つ目の答え」を導き出す手伝いを

世の中には「三つの答え」がある、という話をご存知でしょうか?

一つ目は「自分の答え」。

二つ目は「相手の答え」。

たいていはここで終わってしまうから、答えが違えば反発し合ってしまいます。そうならないように三つ目の、を導き出すことが大切だ、という話です。

自分は「A」だと思っている。

しかし、相手は「B」だと言っている。

そんな私たちが同じチームで仕事をしていく場合、どんなやり方を導き出せるだろうか——。

こういう視点が持てると、反発し合う二人ではなく、協力し合う二人へと変わっていくことができますよね。

さっそく、視点を変えるための質問をしていきましょう。

ここまでの質問で、部下は自分の視点、さらに相手の視点にも立って考えてきました。最後に「私たちの視点」に立てるように「いい質問」を活用します。

・私たちの答え

このとき大事なのは、相手のこと、自分のこと、どちらにも偏ることなく、平等に目を向けられるように促すことです。

人間関係に悩む部下への対処法
自分は
こうだ!
自分は
こうだ!
協力できるとしたら?
違う点は?
共通点は?
質問で
「私たちの答え」を導く!

たとえば、

「あなたと相手がそれぞれ大切にしていることはどんなこと？」

「お互いの共通点はなんだろうか？」

「逆に、違うところはなんだと思う？」

など、自分と相手の考えを並べて、中立的な視点に立って考えてもらえるような質問がおすすめ。あくまで、どちらにも味方せず、敵にもならない聞き方をするのがポイントです。

「あの人とは合わないな」と思って悩んでいるのに、

「彼のいいところはなんだと思う？」

「相手の尊敬できる部分はどこ？」

などと、相手寄りの質問をくり返されてしまうと、部下としては自分の気持ちを無視されたように感じ、いい気はしないでしょう。

ですから、無理に相手の「いい部分」に目を向けさせようと意図する質問はNGです。

ちなみに視点を変える方法には、さまざまなパターンがあります。

「相手に賛成できるとしたら、どの部分?」

「どんなことでなら、力を合わせられると思う?」

「二人が協力したら、どんなことができる?」

「二人の協力には、どんな価値があると思う?」

といったように、少しだけ先の未来を思い描いてもらうような質問も効果的です。

行き詰まった人間関係のせいで停滞している現状を突破した先には、明るい未来があるかもしれない……。

そんな希望を持てると、部下の悩みも落ち着くのではないでしょうか。

この「アフターケア」も忘れずに

部下の悩みを聞き、先の見通しがある程度ついたと感じたら、最後に、

「私にできることはある？」

と部下に尋ねてみてください。

「今は見守ってください」

「次の案件では、あの人とは少し距離を置いた仕事をさせてほしい」

「先輩にひと言、言ってもらえませんか？」

など、部下なりの答えが返ってくると思います。

ただ、どんなサポートでもできると安請け合いしてしまうと、あとでトラブルになるかもしれませんから、気をつけてください。

人間関係のトラブルは、一方の話だけを鵜呑《うの》みにして動くと、問題が大きくなる場合もあります。

部下の要望に対し、上司としてできること、できないことをしっかりと見極めて、話し合ってから、今後の方針を一緒に考えていけばいいでしょう。

そして、部下に対して「やる」と約束したことは、必ず行動してください。

さらに忘れてはならないのが、アフターケア。

話を聞き、方針を固めたのであれば、そのあとにしっかりと事態を「回収」しなければなりません。ある程度の期間を置いてから、

「その後は、どう?」

「あの件、どうなった?」

と、部下に必ず声をかけてください。

この質問をすることで、

「ちゃんと見守ってるよ」

「あなたの悩みを忘れていないよ」

と部下に伝わるからです。

たとえ状況が進展していなかったとしても、「上司が気にかけてくれている」と実感できれば、部下にとってこれほど心強いことはないでしょう。

また、新たな打開策を話し合うきっかけになるかもしれません。

questioning skill

2

部下のモチベーションが低いとき

「最近どう?」――汎用性抜群のオープンクエスチョン

部下が仕事に対してモチベーションが下がっているからといって、「私、今モチベーションが下がっておりまして……」などとわざわざ報告してくることはありません。

ただ、部下のことを日頃から観察していれば、どうも様子がおかしいなと気づくことはあると思います。

私はプロのコーチとして、Ｚｏｏｍでクライアントと話をする機会が多いのですが、画面にパッと相手の顔が映った瞬間に、

「あれ？　今日はどことなく元気がないな」

「表情が暗いな」

と、気づくことがあります。

話を聞いてみると、「仕事でつらいことがあった」とか、「家族とケンカをした」ということが多く、その「違和感」は間違っていないことが多いように思います。

くり返しになりますが、部下を動かす「いい質問」をするためには、日頃の心がけがものをいいます。

部下を観察して、どこかいつもと違うようだと感じたら、

「最近どう？」

と、声をかけてみてください。前の項目の第一声と同じですね。

「最近どう？」は汎用性のある「いい質問」なのです。

すでに関係性がしっかりとできている部下が、明らかに落ち込んでいるような顔をしているというなら、「少し元気ないみたいだけど、大丈夫？」と切り込んでみるのもいいでしょう。

ただ、急に相手に踏み込んでこられると戸惑う人もいますから、やはり「最近どう？」くらいがちょうどいいのです。

実際に困ったことが起きている場合は、「じつは……」と相談を持ちかけてくるかもしれません。

逆に、まったく何も問題が起きていないのであれば、「とくに変わったことはありません」との返事のあとに、「ああ、そういえばA社の案件が……」などと、部下が上司に伝えたいと思っていた話が聞けたりするかもしれません。

「何か問題はない？」はなぜNGなのか？

こういうケースで気をつけてほしいのは、

「何か問題はない？」

「何か言いたいことはない？」

といった質問の仕方です。

問題が起きていることが前提のようにも聞こえてしまい、部下は、

「問題が発生したという話が上司の耳に入っているのかな？」

「自分がどこかで失敗したと思われているのか？」

などと警戒してしまう可能性があるからです。

「最近どう？」が「いい質問」なのは、話題の方向性を定めすぎることなく、また部下にプレッシャーをかけないですむため、警戒心を抱かれにくいからでもあります。

このように、何を話すか相手に委ねる形の質問のことを「オープンクエスチョン」といいます。

「最近どう？」と問われた部下はおそらく一瞬、「一体何について話せばいいの？」と考えるでしょう。

汎用性抜群のオープンクエスチョン

▶ 本音を引き出す!

裏を返せば、それはなんでも自由に話せるということ。話すテーマを決めるのは、問われたほうだからです。

この質問で、自然と部下に会話を委ねてみると、思いのほか部下も話をしやすくなります。予定調和でないぶん、部下が今、本当に一番気になっていることに話題が向かいやすいのも、うれしい効果です。

なかには、仕事以外のところに悩みがあるけれど、「プライベートのことなど上司に話していいのだろうか」と、内心で葛藤している人もいるはず。もし部下が言い淀《よど》んでいる様子ならためしに、

「仕事以外の話でも、自分でよければ聞くよ」

と、水を向けてみるのもいいかもしれません。

部下の「モチベーションダウン」の原因はどこにある？

「最近どう？」に対して部下がどんな返事をしてきたら、

「この人はモチベーションが下がっているようだ」

と判断できるのでしょうか。

私の知人にもモチベーションが上がらず苦労している人がいますが、悩む人がまず口にしがちなのは、

「最近、仕事がいまいちで」

というひと言。

「なんか気持ちが乗らない」といった言葉もよく聞きます。こういうときは、その人の仕事に対するモチベーションが下がっていると考えられます。

モチベーションが上がらないとき、じつは仕事と関係ない家庭の問題が関係しているとか、場合によっては人付き合いがうまくいっていないとか、なんらかの事情があるでしょう。

本人が、それによってやる気を削がれていると気づいていれば話してくれるかもしれませんが、無自覚なときもあるからやっかいです。

実際、「何がモチベーションを下げていますか?」と聞いても、なかなか答えが出て

こないケースは少なくありません。

そこであえて原因にスポットを当てず、別方向から質問を投げかけてみるのもいい方法です。たとえば、

「これまでどんなときにモチベーションが上がった？」


と質問をしてみるのです。

過去の自分と今の自分を比較してみて、なんらかの相違点や共通点を見つけることができたなら、それが自分のモチベーションに影響している正体、というわけです。

モチベーションを下げる要因は千差万別ですが、「疲れている」ことが原因であることも多いでしょうから、

「最近、体調はどう？」

「夜はちゃんと眠れている？」

と聞いてみるのも有効です。

過度な負担やプレッシャーなどがかかっていないかを見極めて、具体的な対応策を一緒に考えていけるように質問で促すといいでしょう。

「ゲーム感覚」でモチベーションアップを図る

モチベーションを上げるために、ちょっと視点を変えて、「どうすればモチベーションが高まるか」を考えさせる質問をしてみるのもいいでしょう。

たとえば、目の前の仕事に対して、

「何をプラスすれば、面白くなりそう?」

「何をなくすと(やめれば)、面白くなると思う?」

といった質問をしてみます。

モチベーションが下がっているときは、目の前の取り組むべき仕事に集中できていません。ほかのことに気を取られているし、もしかしたら仕事とは別の要因で悩みを抱えているかもしれません。

その要因がすぐに解決できるのであれば、目に見えてモチベーションが下がるようなことはないわけですから、おそらく部下の話を聞いて、その理由がわかったところで、たちどころにそれを解決するのは難しい可能性が高いでしょう。

だから、別の手立てを考えるのです。

もし目の前にある仕事が、悩みを吹き飛ばすくらいにワクワクするものであったり、興味深いものであったりすれば、部下の意識もそちらに向くはず。誰だって、楽しいことなら自然とやりたくなりますよね。

そこで、行動にストップをかけている何かに、必要以上にとらわれることがなくなるくらい、今、目の前にある仕事をもっと楽しく、もっと心躍るものにできないか、工夫してみたらどうでしょうか。

難しく考えることはありません。

「外に出てカフェや公園で仕事をしてみよう」

「新しいツールを導入してみよう」

「一度一緒に仕事をしてみたかったあの人に、声をかけてみよう」

といったことでいいのです。

もしくは、

「これまで1時間かかっていた作業を、45分で終わらせてみよう」

「そのためにどんな工夫ができるか考え、実践してみよう」

といったゲーム感覚を仕事に持ち込む方法もあります。

部下をよく観察して、もし体力もメンタルもすでにギリギリ……といった様子ではなく、何かのきっかけでモチベーションが持ち直せそうなら、このやり方も効果が期待できます。

ほんの少し自分に負荷をかけてみると、不思議と人はがんばれたりするものです。簡単にできることは、次第につまらなくなってしまいますよね。ちょっと難しいくらいが、やる気を引き出すにはちょうどいいのです。

モチベーションが上がる仕事は人それぞれ

また、関わっている仕事そのものが、モチベーションを下げる原因になっているケースもあります。

たとえば、仲間への貢献欲の高い部下にとって、一人で地道にコツコツやり続けるような作業は、それもまた重要な仕事だと頭ではわかっていても、どうにもやる気の削がれるものになってしまいます。

もっと成長したいと思っている人は、やり慣れた仕事ばかり振られると、達成感や満足感を得られなくなっていきます。

まだ仕事に対してなかなか自信が持てない人は、新しいことへのチャレンジや積極性ばかりを求められると、プレッシャーから萎縮してしまうかもしれません。

人にはそれぞれ、仕事に求める目的や目標があり、それぞれの価値観があり、持って生まれた資質があります。そういったものが活かせるような仕事を任せてみることも、上司の役割の一つです。

「どんな仕事を任せられたら、自分がよりチームに貢献できると思う?」

「どんな仕事ができたら、自分の成長につながりそう?」

「どんな仕事なら、安心して集中できそう?」

こうした質問も駆使して、部下のモチベーションを上げる仕事はどういったものなのか、探ってみてください。

自分に合った仕事なら、部下もモチベーションを復活させて、自らの自走力で積極的に仕事をこなせるはずです。

questioning skill

3 部下の自己肯定感が低いとき

「あなたに価値があるのはすでに明らか」と伝える

今、思い返してみると、入社したばかりのころの私は、先輩たちにたいそう生意気なやつだと思われていたと思います。「ここがおかしい！」と声高に言うタイプでした。

ある日、新入社員歓迎会の挨拶で、「今の仕事のやり方には無駄だと思うこともあるので、いろいろと改善していきたい」と発言したのですが、翌日になって急に恥ずかしくなり、上司に「生意気を言って申し訳ありません」と謝りにいったことがありました。

するとその上司は、

「何を言ってんだ。会社は、君みたいな人がほしいから採用したんだ」

と笑ってくれたのです。

あの瞬間のことは、何十年たった今も忘れません。

その会社に採用されたということは、その時点で、その人は、会社に必要とされている人間だということです。

多くの人の中から選ばれた一人なのです。

多くの人がそれを忘れてしまっているように思います。

「自分なんて」という自己肯定感の低い部下には、

「どうして会社は君を採用したと思う?」

といった問いかけをして、その人自身がすでに必要とされている人間であることを、ぜひ気づかせてあげてください。

「採用面接のとき、どんな自己アピールをしたの？」
「がんばったという経験はどんなこと？」

そんなことを具体的に聞いてみるのもいいでしょう。

可能なら書き出してもらえば、目に見えて自分のいいところがわかります。書き終えたところに、

「私もそう思うよ。まだまだあるんじゃない？」

と促せば、「あなたには、まだまだいいところがあるよ」というメッセージが伝わるでしょう。

そうして絞り出す手助けをすれば、きっと「いいところ」はたくさん見つかります。

誰だって、ここまで生きてきた中で、何かを成し遂げているし、どこかで褒められて

いるし、誰かに認められています。それが、自己肯定感にまでつなげられていないだけです。

部下の「いいところ」に気づかせる質問

自己肯定感の低い人は、シンプルにいうなら、自分に自信のない人です。もっといえば、なかなか自走力を発揮できない人でもあります。

たとえば、会議であまり積極的に発言しなかったり、企画をなかなか提案しなかったりする人には、自己肯定感の低い人が多いと思います。

それは彼らに意見や能力がないからではなく、とにかく自信がないから「自分なんかが」と尻込みしてしまって、積極的になれないのかもしれません。

しかし、これまでのことを振り返ってみれば、チームが間違った方向へ進もうとしていたときに、軌道修正のきっかけとなる意見を出してくれたとか、行き詰まっていたときに突破口となる情報を見つけてきてくれたとか、みんなの助けになったことがたくさ

んあるはず。それなのに自己肯定感の低い人は、

「たいしたことじゃない」

「たまたま思いついただけ」

「誰にだってできる」

と、思い込んでしまっています。

そういうタイプの部下には、事実を思い出してもらいましょう。


「チームに貢献できたことを、小さなことでもいいから五つ挙げてみて」

「この案件で達成したことを、どんなことでもいいから三つ挙げてみて」


もし、「『小さなこと』ってどのくらい小さなことですか？」と聞かれたら、

「ゴミを片づけたとか、備品を使いやすく整理したとか、とにかくなんでもいい」

と、可能な限りハードルを低く低く設定します。

自己肯定感の低い人は、思い込みでハードルをぐんと上げてしまっていることがある

からです。

そこまで言われて「何もありません」と言う部下はいないと思います。

どうしても思いつかない、とギブアップされても諦めないでください。

「今まで『ありがとう』と言われたのはどんなとき?」

「人から喜ばれてうれしかったことは何?」

「自分ががんばって、いい結果が得られた経験は?」

「あなたの親友は、あなたのどんなところが好きだと思う?」

と、プレッシャーにならないように気をつけながら質問を重ねて絞り出してもらいましょう。

仕事から離れてプライベートでのことでもいいし、なんなら子どものころのことでもいいので、自分の「いいところ」を見つけてもらってください。

部下の今までの「貢献」や「がんばり」に光を当てる

大事なのは「自分なんか」と自己否定している人が忘れてしまっている、今までの貢献や努力に改めて光を当ててあげることです。

あなたは否定されるべき存在ではないと気づいてもらうこと、そのままで価値のある存在だとわかってもらうことです。

実際にやったこと、行動したことなら、間違いなくその人の持つ素養が活かされています。その効果や貢献には、誰も疑いを挟む余地がありません。

私のクライアントにも、「私なんて」と口癖のように言う方がいました。

しかし、お話を聞いていると、ご家族をとても大切にされていることや、仕事でも仲間のことを第一に考えて動いていらっしゃることが伝わってきました。だから、

「娘さんは、とても頼りになるお父さんだと思っているはずですよ」

「あなたのその行動が、チームのためになっていると思いますよ」

と率直に、何度もくり返し伝えたのです。

すると、その方は次第に「私なんて」と言わなくなっていきました。また、仕事でも目覚ましい成果を上げられるようになりました。

その人の「いいところ」を、その人自身に認識してもらえるような質問をして、出てきた答えに、

「私もそう思いますよ」

と、相手を認めるひと言をつけ加える。

これによって、その人の自己肯定感をさらに高めていく作用が期待できるようです。

最後は発破をかけるのも忘れない

高く設定しすぎていたハードルをぐんと下げて、自分の行動を見直してみたら、自分にも「いいところ」がたくさん見つかった――。自己肯定感を高めていくために、いい流れでここまできました。

もっとも、たちどころに部下の意識が変わり、急激に自己肯定感が高まるというわけではなく、「自分にも価値があるようだ」と気づき始めて、ようやくスタート地点に立ったような状態です。

そこから一歩踏み出し、さらに自己肯定感を高めて、積極性や主体性、自走力をどんどん育んでもらうために、上司としてもうひと押ししておきましょう。

「今の自分を評価するとしたら、10段階でどのレベルだと思う?」

こんなふうに部下に問いかけてみてください。

自己肯定感の低い人は、「2」とか「3」とか低いレベルを答えるかもしれませんね。

でも、ここで自分をどのレベルに置くかはたいした問題ではありませんから、気にしないでください。

大切なのは、次の質問です。

「もう一つ上のレベルの自分になるために、何ができると思う?」

これは、先ほど下げに下げたハードルを、少し上に戻すための質問です。

こう問うことで、**もうちょっとだけ背伸びして、もうちょっとだけがんばってもらえるように、部下に発破をかける**のです。

現状でももちろん価値ある存在ですが、上司としては、さらに成長してもらわなければなりません。

部下の成長をサポートするのが上司の仕事です。「いつまでも今のままでいいよ」とは言えませんよね。

しかし、単に「がんばれ」「期待している」と声をかけても、何をどうがんばればいいのか部下にはわかりません。何をどうすればよいか具体的にイメージしてもらう必要があります。

そのための「数値化」なのです。

「自分の現状から、次のレベルに上がるためにできることは何か？」「レベルを『1』上げるために、必要なことは何か？」

現状を数値化することで、自らの成長のために取るべき行動や考え方がイメージしやすくなります。

人は誰でも、今のままで十分に価値ある存在です。

ただ上司としては、部下にさらなる成長を望まないわけにはいきません。

そして成長するためには、今までと同じようなことだけやっていても期待できない。そこからもう一歩、ちょっとがんばって背伸びしてもらうために、ひいてはさらに自己肯定感を高めていけるような行動につながっていくように、上司は「いい質問」を上手に利用して、部下の行動を促していく必要があります。

「がんばれ」「期待しているよ」という曖昧な言葉で部下に丸投げすることなく、部下自身が、今日から何にどう取り組めばいいのか具体的な行動に落とし込めるような手助けを心がけていきましょう。

questioning skill

4 部下が失敗をくり返すとき

失敗を成長のチャンスに変える「いい質問」

学生時代には当たり前に用意されていた「学ぶ」という機会は、社会に出ると自ら探しにいかなければなかなか出合うことができなくなります。

もちろん、企業によっては研修などでサポートされることもあるでしょうが、基本的には日々の仕事をこなしながら学んでいくしかありません。

部下の成長を手助けしなければならない上司としては、仕事から学ぶ機会を部下にみすみす逃してほしくないはず。

そして学びの過程で足かせとなりがちなのが、「失敗」したときでしょう。

失敗は避けたいものですが、誰でも失敗するものです。

大事なのは、失敗を振り返り、気づきを得て、次につなげていくことです。そうでなければ、人は同じ失敗をくり返してしまいます。

アメリカの組織行動学者デイヴィッド・コルブは、経験から教訓を得て次に活かしていくプロセスを「経験学習モデル」として理論化しました。


経験を振り返って気づきを得たら、そこから教訓を導き出して実践し、その経験からまた気づきを得ていく。

このサイクルが「成長力」を高めるといわれています。

部下が失敗したとき、落ち込む部下を慰めたり叱咤《しった》したりすることも必要ですが、もっとも大切なことは彼らが「経験学習モデル」のサイクルを通して成長できるように、「いい質問」によってサポートすることです。

「経験学習モデル」を部下指導に活用する

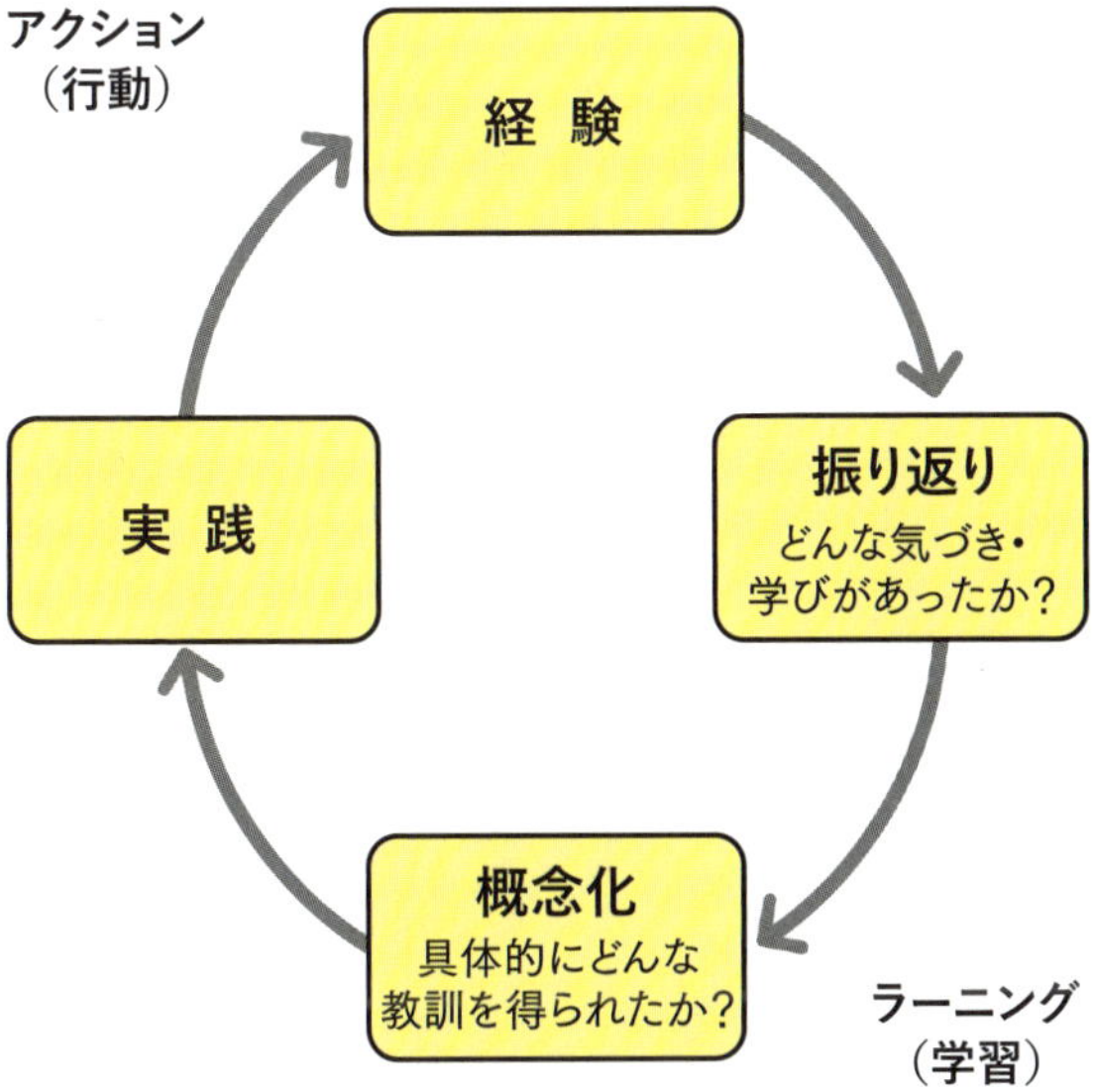

▶ このサイクルで成長を促す

※コルブの理論を元に作成

まずは、

「今回の経験から学んだのはどんなこと？」

と尋ねてみましょう。

どれだけ落ち込んだところで、部下の成長の糧《かて》にはなりません。

失敗からどんな学びや気づきがあったのか、部下自身に言葉にしてもらい、認識してもらうことが、成長の第一歩です。

部下の中には後悔や反省が先に立って、

「スケジュール調整に失敗した」

「この部署に確認を取ってから進めるべきだった」

と、ダメなところばかり浮かんでしまう人もいるでしょう。そういう部下には、

「今回の経験で、手に入れたことはなんだろう？」

という質問で、視点を「ダメなところ」から「いいところ」に変えてもらうのがおすすめです。

結果はいったん脇に置いて、失敗という「経験」から何を得たか、何を学んだかについて考えてみるのです。

「結果」にこだわっているうちは、「成長」は遠のくばかり。失敗もまた経験の一つの形だと、気持ちを切り替えてもらわなければなりません。

失敗から次に活かせる「何か」を見つけられるように、「いい質問」で部下をどうサポートしていくかが上司の腕の見せどころです。

「なぜ」は避ける

ちなみに、失敗した部下に対して、

「なぜ失敗したと思う?」

と聞くのは、なるべく避けるべきです。

すでに確固たる関係性ができているのであればそれほど問題ないのですが、そうでない場合、「なぜ」という言葉は部下に、

「責められている」

「叱られている」

という印象を与えてしまいがち。同じように、

「どこが悪かったと思う?」

「何が敗因だと思う?」

などと、失敗の原因となった問題にフォーカスを当てて掘り下げていく「問題解決型」のやり方は、部下を萎縮させてしまう可能性があります。

すでに十分落ち込んでいるのに、さらに自分の悪い部分についてダメ出しされて、心がポキッと折れてしまうかもしれません。

そうではなく、

なぜ、「なぜ?」は避けるべきなのか

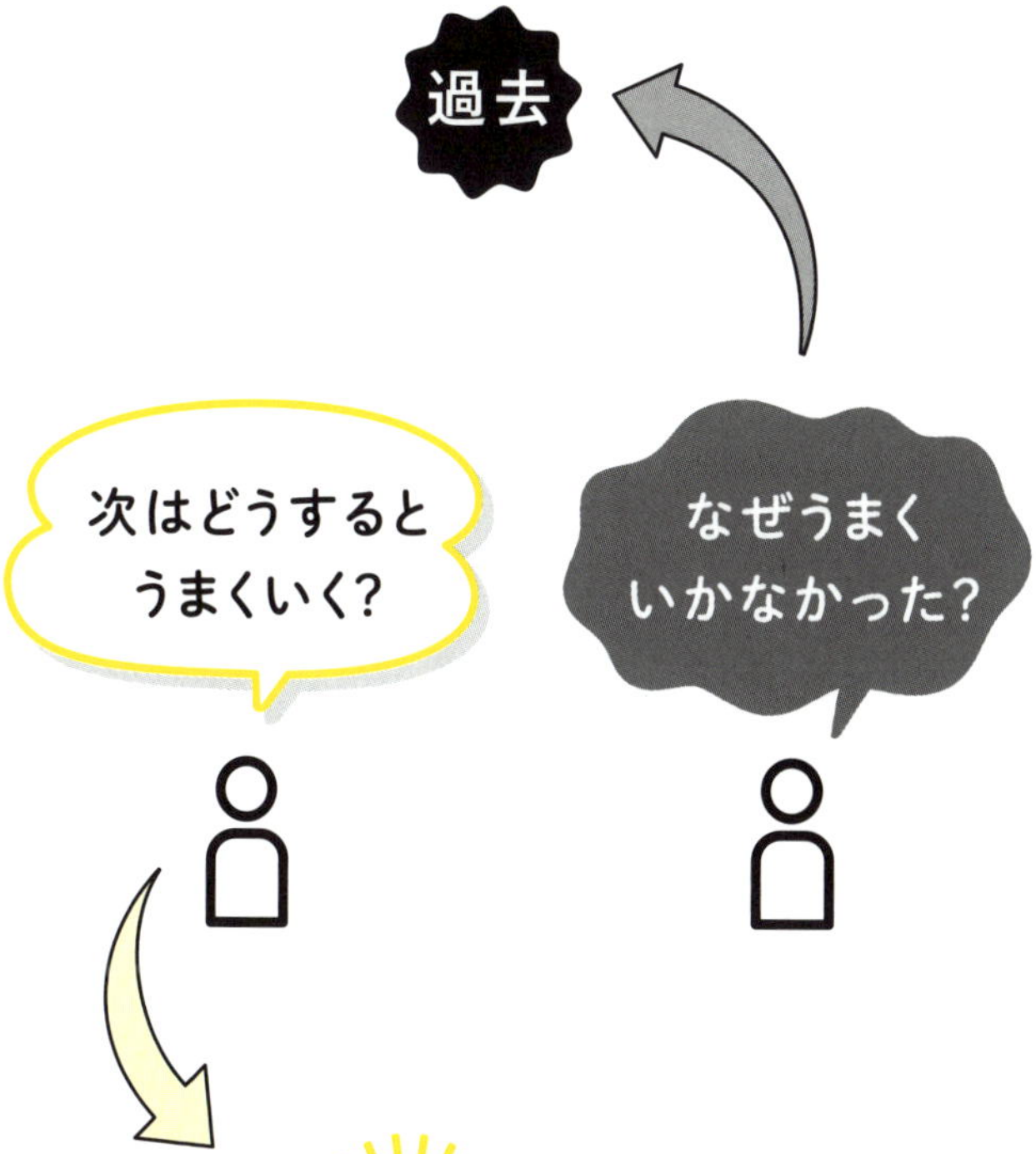

視点が未来に向く質問を!

「次はどうするとうまくいくと思う？」


と聞いてみましょう。

失敗から得た気づきを、教訓として次にどう活かしていくか、部下に考えてもらいます。

経験から気づきを得る――ここまでは、「過去」について考えるフェーズです。失敗はすでに終わったこと。そこから得た教訓を「未来」に活かすことによって、部下は成長していきます。

つまり、気づきをどうやって次に活かしていくかについて、具体的に考えていく必要があります。

部下が「見えていないこと」に気づかせる

このとき気をつけておきたいのは、部下の発言から、その人には何が見えていて、何が見えていないのかをしっかり把握することです。

そして上司は、部下に「見えていないところ」に意識を向けてもらえるような質問をする必要があります。

たとえば、

「今回は、Aさんの納期が遅れたせいで全体の工程も遅れたので、次回は気をつけてもらいたい」

と部下が発言したのであれば、この人は「自分以外の人」に意識が向いていて、「自分自身ができること」には意識が向いていないとわかります。ですから、

「では、そのために君ができることは何がある?」

と聞いてみてください。

「Aさんとは、こまめに連絡を取るようにする」

「遅れる前提で工程に余裕を持たせておく」

など、対策が思い浮かぶはずです。

逆に、「私が」「僕が」と自分でできることばかりに意識が集中しているのであれば、

「誰かの助けが得られるなら、どうしたい？」

「チームや取引先との関わり方では、何ができる？」


と聞いてみるといいでしょう。

「次回はこの工程をBさんに依頼したい」

「スケジュールについて、Cの部署とも共有しておきたい」

など、新しいアイデアや改善案が見つかる可能性があります。

貢献欲の高い部下などには、

「後輩たちのために、どんな教訓が残せる？」

「あなたが先輩だったら、どんなアドバイスをする？」

といった質問が効果的です。

自分の失敗を、組織に役立てるチャンスがあると気づいてもらえれば、きっと積極的かつ前向きに意識が変わって、さまざまな意見が出てくるでしょう。

「次にどう行動するべきか」が具体的になっているほど、部下はそれを今後の仕事に応用しやすくなるはずです。

つまり、部下の自走力を上げることにもつながります。そして、成功の確率も上がります。

「経験学習モデル」を見ればわかるように、教訓は実践されることによって初めて意味を持ちます。

失敗を教訓に変え、さらに実践につなげることで成長する――。

「いい質問」を利用して、失敗した部下がこのサイクルを回せるようにサポートしていきましょう。

questioning skill

5

部下が協力的でないとき

まずは「傾聴」するのが第一歩

私のコーチング講座を受講されたある男性のお話です。

彼は、海外の有名ファッションブランドの店舗でストアマネジャーを任されていましたが、協力的ではないベテラン女性スタッフ2名のことで悩んでいました。

彼女たちは若いスタッフの足を引っ張ることが多く、彼は「もう辞めてもらうしかない」とまで考えていたのです。

しかし、彼はコーチング講座で学んだスキルを活かし、問題の女性たちと初めてじっくり話し合う時間を設けました。

彼女たちは最初、不平不満をこれでもかというほどぶつけてきましたが、彼は感情的にならずにその話をしっかりと聞き続けました。

すると、次第に彼女たちからも前向きな言葉が出始めたのです。

そこで、彼は考えていた今後の運営方針や計画について話をしてみました。

そのとたん、彼女たちの表情が変わり、「こういう話をマネジャーとしたかったんです。私たち、この計画に協力しますよ!」と応じてくれただけでなく、いろいろなアイデアまで提案してくれたのです。

それ以来、彼女たちはまるで別人のように協力的になり、店舗の雰囲気も大きく改善したそうです。

反発したり、無関心だったりと、協力的でない部下はいるものです。

上司としては困ったものですが、確かなことは、彼らがなんらかの意見を持っているということ。行動の裏にはやはり理由があります。

それは不安や反発心かもしれませんが、とにかく本人に聞いてみないことには始まりません。

ですから、

「あなたの意見を聞かせてくれる?」

と聞いてみることから始めます。

そして**明らかに協力的でない部下の大半は、機会があれば自分の胸の内を伝えたいと思っています。**

本音を隠したいと思っている人は、あからさまな態度は取りませんよね。取り繕おうとしないのは、相手に察してほしい本音があるからでしょう。

自分から機会を作ろうとしないところはわがままといえなくもないですが、とにかく意見があるのは明らかですから、聞いてあげてください。

彼らは何か伝えたがっている

ただ、どういう場面で、どう尋ねればいいのか、なかなか難しいところもありますよね。

「1on1ミーティング」や、二人でのランチなど一対一の機会を設けることができればいいのですが、そう簡単にはいかないかもしれません。

これまでろくに関わってこなかった上司からお昼に誘われても、部下は警戒心を強めるだけです。

それなら、たとえばチームでの仕事であったり、会議であったり、その人が仕事に参加している場所で、

「君だったらどんなアイデアがある?」

「あなたならどう改善する?」

と、意見を聞いてみるのはどうでしょう。

反抗的な態度を取る理由とは直結しないかもしれませんが、「自分の考えを発言できる」機会を与えることで、ガス抜きをしてもらうのです。

実際、私のクライアントが、普段は後ろ向きな発言や会社に対するグチばかり言っている部下に、会議の場で、

「君はどうしたらいいと思う?」

と質問してみたそうです。すると意外にも、その人から驚くほど前向きで建設的な意見が出てきて、とても驚いたといいます。

彼らは伝えたがっています。きちんと意見を持っています。

協力的でない合理的な理由もきっとあるのです。言いたいことが溜まっている可能性があります。

だから、ガス抜きを促してください。

とにかく相手の話を聞くことです。思いがけずいい意見が聞ける可能性もあります。

もちろん、あまり賛成できないアイデアが出てくる場合もあるでしょう。それを、あたかもすばらしい意見であるかのようにおだてる必要はありません。それに、合理的な理由で反発心を持っている人は、きちんと理屈が通れば反対意見でも受け入れることが多いものです。

相手の意見を尊重する一方で、組織として採用するかどうかはさまざまな角度から検討する必要がありますが、どういった意見であっても「貴重な意見をありがとう」と受け止める姿勢は忘れないでください。

会話の糸口になるなら話題はなんでもいい

反発心から協力的でない人は、何かしら意見を持っている人ですから、こちらが聞く意思を見せ、機会を用意すれば、彼らから意見を聞くことができます。

対応に困るのは、むしろ無気力、無関心な人かもしれません。無口で、何を考えているのかわからないような人です。意見を聞こうにも、何を聞いても何も出てこないような部下に、どう対応すればいいのか頭を抱えてしまいます。

そういうときは、自問自答してみましょう。自分に対して「いい質問」を使ってみます。

「彼が自分から話をしたのはどんなときだった?」

どんな話題でも構いません。その人が楽しそうに話していたとき、本人から積極的に会話に加わったときのことを思い出してほしいのです。

私のクライアントにも、無口でチームの輪に加わろうとしない非協力的な部下に、ほとほと参っている方がいました。傾聴のスキルを学んだところでどう使えばいいかわからない、と困惑されていたのです。

そこで、先の質問をしてみました。

クライアントが思い出したのは、飲み会での出来事です。

プロ野球の話題になったとき、その部下が中日ドラゴンズについて人が変わったように話しだしたのを思い出しました。

なるほど、彼は中日ファンなのでしょう。そして、野球に関してなら話したいことがたくさんあるようです。

「これから毎朝、野球の話題を振ってみようと思います」

と決めて帰っていかれました。

それから3年がたって、その方がコンサルタントとして起業されたというので久しぶりにお会いすることになりました。

いい機会だったので、かつて問題だった「無口な部下」がその後どうなったのか聞いてみたのです。

すると、「海外で責任者をやっていますよ。彼も変わったんですよ」とのことでした。

野球の話をするようになってから、無口な部下が少しずつ話をするようになり、いつの間にか無口ではなくなっていったそうです。次第に、周りに対して協力的になっていったといいます。

その結果、仕事で認められ、責任ある立場にまでなっているというのですから、人は変わるものだと驚きました。

仕事に関しては無口な人も、自分の趣味や関心事についてなら口も緩みます。会話こそ人間関係の潤滑油。会話なくして、人と人の関係は容易に改善されません。会話の糸口をつかむためにも、困った部下の関心事に、関心を向けてあげてください。自分に興味を向けてくれた人を、たいていの人は無碍《むげ》にできません。

相手の関心をこちらに向けてもらうためには、こちらから相手に関心があることを示していくのが近道です。

questioning skill

6 部下が問題を解決できないとき

「それで?」「どうするの?」と問う前にすべきこと

部下がトラブルに見舞われたとき、上司は何をどう質問するかを考える前に、どういうスタンスで部下に接するのかを考える必要があります。

そもそも、

「すみません。ちょっと問題がありまして……」

と部下が自己申告してくれればいいのですが、実際は部下がなんとか自分で解決しようとしてトラブルを隠すことがほとんどです。その結果、上司が問題を把握したときにはすでに手遅れになっていることも多々あります。

つまり、このケースでも、部下にどんな質問を投げかけるか以前に、しっかりと部下を観察しておく必要があります。

一方で、**トラブルが起こっているとわかっていても、やたらと口出しするのは考えものです。**

部下に対処可能な問題にまで上司が手出ししてしまうと、部下の成長の機会を奪うことになり、部下の自走力は育まれません。

そうならないように上司は、手を貸すべきか、見守るべきかの見極めをしなければなりません。

上司として部下をしっかりと観察することは、どのタイミングでも、どんな問題においても欠かせないのです。

では観察して、部下に助けが必要だと思ったら、まずどのように声をかけるのがいいのでしょうか。

気をつけていただきたいのは、

「それで?」

「どうするの?」

という質問をしないことです。

長期的な見通しを聞いているのか、今すべきことを聞いているのかわからず曖昧すぎます。こういう場合、

「とりあえず、謝りにいってきます!」

と節の悪い答えが返ってくるのが関の山でしょう。

しかし、最終的にどのようなゴールを目指すことを「解決」とするのかが明確になっていない以上、部下の「とりあえず」の行動が正しいかどうか判断することもできません。

まずはきちんと「ゴール」を描かせる

目的地が決まらなければルートは決められないように、「どうするか」を考える前に行なうべきは、「何を目指すか」を決めることです。

問題のゴールは、人間関係なら「仲直り」や「関係の解消」などが考えられます。また、仕事におけるミスであれば、「ミスの直前まで戻す」ことをゴールとする場合もあれば、「あえてミスを活かした形」を新たなゴールとすることもあるでしょう。

部下に「どうするのか?」と質問する前に、目指すゴールについての質問を投げかけてみましょう。

「どんな解決を目指す?」

「どうなったらいいと思う?」

「どんな着地ができたらいい?」

ゴールを描く上で忘れてはならないことがあります。

それは「いつ」という時間軸の視点です。**どんなにすばらしいゴールを描いたとしても、「いつ」がなければ、手段やルートを考えることができません。**

どこかに出かけるときも、「いつまでに着かなければいけないのか」で、取るべき移動手段は変わりますよね。

目指したいゴールが描けたら、

「それをいつまでに解決できるといい?」

と質問してみてください。

でも、このような質問をすると、「すぐにでも」、「少しでも早く」などと答えが返ってくることがあります。気持ちはよくわかりますが、これは期限を決めていないのと同じです。そのような回答があったときは、

「遅くともいつまでに解決させる？」


と、焦る気持ちをいったん抑えて、冷静に考えてもらうようにするといいでしょう。

現実的な目標期日を具体化することで、その後の問題解決のステップで、よりよいアイデアを考えることができるようになります。

「水平質問」「垂直質問」を駆使する

会社勤めをしていた若いころ、私はハウスメーカーで施工管理の仕事をしていたのですが、毎日毎日、次から次へとさまざまな問題が起きるのです。

工事現場の近隣からクレームがきたり、品質に問題が起きたり、職人同士がケンカし始めたり、事故が起きたり……トラブル処理中に次のトラブルが起きるようなこともありました。

トラブルが起きたとき、真っ先に私が考えたのは、

「この問題の対応策を五つ挙げるとしたら?」

ということでした。悩むのも嘆くのも時間がもったいないので、問題が発生したら自動的に、自分が考えうる対応策の選択肢を五つ出すように心がけたのです。その中から、一番現実的だと思う方法を選んで行動を起こすようにしました。

この一連の流れをパターン化することで、すぐに解決に向けて動き出せるようになったのです。

そこでトラブルの解決に悩む部下にも、先にゴールを描かせた上で、

「この問題の解決策を五つ挙げるとしたら?」

「今回の対応策を三つ挙げるとしたら?」


といったように問いかけてみましょう。

複数の答えを求めることで、相手の発想を広げる質問を、コーチングでは「水平質

問」といいます。

最初はこういった水平質問で選択肢をぐんと広げておいて、次の段階で、

「その中で、今回はどれがベストだと思う？」

と絞り込んでいくのがおすすめです。

問題に対応したいと思ってはいても、どういったゴールを目指すのかが見えていないと、今取るべき行動も見えてきません。

問題解決のためには、現状を把握し、何をもって解決とするのかゴールを設定した上で、そこまでの過程をどのように埋めていくかを考える必要があります。

ですから、対応策を一つに絞ったら、

「いつやるか？」

「誰がやるか？」

部下からベストな解決策を引き出す質問法

水平質問 で発想を広げる!

五つ挙げるとしたら?

ほかには?

垂直質問 で深掘りする!

when　：いつまでに?

who(m)：誰が?　誰と?

how　：どうやって?

「誰とやるのか？」

「どのようにやるのか？」

「必要なものは何か？」

こんなふうに、「Ｗｈｅｎ：いつ」「Ｗｈｅｒｅ：どこで」「Ｗｈｏ（ｍ）：誰が・誰と」「Ｗｈａｔ：何を」「Ｗｈｙ：どうして・なんのために」「Ｈｏｗ：どのように」の「５Ｗ１Ｈ」を意識した質問で、その解決策をさらに具体化していきましょう。

具体的になればなるほど、今何をするべきかが明確になるので、行動を起こしやすくなるはずです。

このように、**相手の思考を深めていくような質問を「垂直質問」といいます。**

問題の解決策を探るとき、「水平質問」「垂直質問」を活用したアプローチは非常に有効です。

部下がベストな解決策を導き出し、すぐに対応できるように、「いい質問」を活用してください。

「今すぐできること」まで絞り込ませる

場合によっては、トラブルの規模が大きすぎて、「一体どこから手をつければいいのか」と部下が呆然とすることがあるかもしれません。問題が大きすぎるとき、人は何から手をつけていいのかわからなくなります。
そういうときは、問題を小さくしてあげてください。

「最初にやるべきことはなんだろう?」

「今すぐできることはなんだろう?」

と質問してみます。
目の前に立ちはだかった大きな問題に、部下は圧倒されているのです。ですからこの質問で、「とりあえず一歩でも解決に進むために、小さいことでもいいから、すぐにできることはないだろうか」と、思考の方向を変えてもらいましょう。

「今すぐにできること」と限定すれば、簡単な作業や過去に経験したことが浮かぶでしょう。だから気軽に取りかかれますよね。

最初の一歩は小さくて構いません。どんなに大きなことも、まずやってみないことには始まらないからです。

もしかしたら、汚名返上のために一発逆転ホームランを打ちたがっている部下もいるかもしれませんが、それを狙っていたらいつまでたっても問題は解決しません。

手をこまねいている部下に、どうやって最初の一歩を踏み出してもらうか。どんな質問をすれば、やる気になってもらえるか。

一歩さえ踏み出してくれれば、十歩、五十歩はあっという間です。

「いい質問」で部下を後押ししてあげてください。

どこに一歩を踏み出すか決めかねている部下には、

「これから1時間でできることは?」

「今日一日で、どこまでできる?」


と、期間を区切ってみるのもいい方法です。

やるべきことは山ほどあっても、「30分だけ」「1時間だけ」「半日だけ」でできることまで落とし込めれば、選択肢はおのずと狭まります。「これならすぐにできる」となれば、腰の重い部下もさっそく動きだすはずです。

「今、何合目まできている?」——進捗状況を確認する

問題解決の道のりは「山登り」に似ています。

最悪の現状をどうにかしていい状態に変えたいとき、まずはどうなったら「いい状態」といえるのか、どこを目指すのか、目標設定をしっかりする必要があります。

さらに、どういう方法でそのゴールにたどり着くのか、いくつかの選択肢の中から選ぶことになります。

山頂がゴールであり、そこに至るまでのいくつかのルートの中から最適なものを選ぶわけです。険しいけれど最短のルートもあれば、なだらかだけれど時間のかかるルートもあるでしょう。

どのくらい時間をかけられるのか、どのくらいの労力を割けるのか、さまざまな要因を検討しながらルートを決めることになります。

そのとき、

「問題解決のために役立てられるものは？」

という視点を持つことも大切です。

山登りをする人は、背負ったリュックの中にさまざまなアイテムを詰め込んでいるはずです。

登山道具はもちろん、寝袋や食料などリュックの中身によって、選べるルートも変わります。

今あるアイテムを使いつつ、どのルートでどのように登っていくのか、どのアイテムが何に使えるのか、具体的に計画が立ったところで人はようやく動きだせるわけです。問題解決には物理的なアイテムだけでなく、知識や経験といった形状のないものも役立ちます。

これまでを振り返ってみれば、

「この問題については、この人に相談するといいアイデアをくれるはず」

「そういえば、以前にも同じようなトラブルに対処したことがあった」

といったように、目の前の問題に活用できる方法をじつは知っていた、と気づくかもしれません。

すでにあるリソースを有効活用できれば、解決の近道になります。

そして、解決のための計画が動きだしたあとも、部下に任せっぱなしにしないようにしましょう。

「山登りに例えたら、今、何合目くらいまできてる？」

と、山登りに例えて質問してもいいですし、

「今、ゴールまで何％のところまできている？」

などと質問することで、進捗状況を意識させてみましょう。

上司として現状把握が必要なのはもちろんですが、部下自身も、トラブルがどのくらいまで解決できているのか自覚することができますよね。

想定よりも手際よく進んでいるのか、少し遅れているのかによって、次の行動や活用するリソースも変わってくるかもしれません。

questioning skill

7

部下の発想力が乏しいとき

アイデアが湧かない人に足りないもの

「新しいアイデアを出してほしい」

「何かいいアイデアはないだろうか」

上司として部下にそう期待することはありませんか。

でも、逆の立場に立って考えてみると、急に「いいアイデアを」と求められても困ってしまうのではないでしょうか。アイデアが湯水のように湧いてくる人は、そうそういません。

会社員時代、新規事業を担当するチームのリーダーに抜擢されたことがあります。マネジメントをする立場は初めてではなかったものの、新規事業の推進に携わったことは一度もなかったので、どのように進めていけばいいか、悩んでいた時期がありました。

何かアイデアをひねり出そうにも、どこから手をつけたらいいのかわからない。そこで、ヒントを求めて書店に行ってみました。

書店はアイデアの宝庫です。

最近は、わざわざ書店へ足を運び、うろうろ歩き回って探さなくとも、ネットでキーワードを打ち込み検索すれば、目的に適《かな》う本が即座に買えてしまいます。目的を持って本を読むときは、それで十分です。

ただ、自分の視野を広げたいとき、発想力を刺激したいときには、書店を歩きたくなるのです。書店で、普段意識していない分野の情報がパッと目に留まったり、興味を向けていなかったコーナーに面白そうな本を見つけたりすることで、発想に広がりが生まれるような気がします。

一見、無駄に思えるようなことから、新しい発想が生まれることはあるものです。

そのとき、並ぶ本の中からヒントがありそうなコーナーを探し、私がたどり着いたのが、「中小企業診断士」の資格を取るための教本でした。

そして、本の目次の中に、「新規事業」という文字を見つけたのです。なるほど新規事業とはこういうもので、こうやって進めていくのかと、それを読んで初めて具体的に理解することができました。

その本を買い、勉強を進めてみたところ、どうやって仕事を進めていけばいいのか、次第にアイデアが湧いてくるようになったのです。

要するに、何もアイデアが湧かなかったのは、アイデアの材料となる「情報」が圧倒的に足りなかったから。アイデアがなかなか出てこない部下は、必要な情報を入手できていないのかもしれません。

部下に「情報収集」を促す方法

部下に、もっと情報収集に意識を向けてほしいと思うのなら、たとえば、こんなひと言をかけるのを毎日の習慣にしてみてはどうでしょうか。

「今日の日経、読んだ？」

どの新聞でもいいのですが、上司に頻繁にこう聞かれたら、部下も「新聞を読まないとまずいかな」と気になり始めると思います。もちろん部下に尋ねるからには、自分もきっちり新聞に目を通しておきます。

ほかにも、

「本はどうやって探している？」

「最近、どんな本を読んだ？」

というのもおすすめ。何度も聞かれれば「どうも本を読んだほうがよさそうだぞ」という意識づけになりますよね。

また、

「その本、面白かったら、今度内容をちょっと教えてよ」

とでもつけ加えておくと、実際に読むという行動を促すことにもなります。

これらの質問は言外に、

「君はどんな情報源を持っているの？」

「新しい情報をきちんと収集してる？」

と聞いているのです。

聞かれることで部下は「最近、新しい情報に接していなかったかも……」と気づき、情報収集に意識が向くかもしれません。

そう気づかせることが目的ですから、もし部下が新聞を読んでいなかったり、本を読んでいなかったりしても、叱る必要はないので気をつけてください。

ただ根気強く、適度に質問をくり返して、日常的に部下の意識を高めましょう。

「あの人ならどう考えるだろう？」

そもそも新しい発想、新しいアイデアというのは、そう簡単に生まれるものではありません。

「斬新なアイデアや周囲が驚くような企画も、まったくの無から有を生んでいるのではなく、必ずどこかにネタ元があるのです」

これは、起業家・保野《またの》成敏氏の言葉です。

保野氏は、何かを参考にしたり、モノマネしたりしてアイデアを生み出す「大人のカンニング」を推奨しています。

もちろん、すでにあるものをそのまま使うのは、知的財産権の問題があるので注意が必要です。

ただ、**既存のものを着想のヒントにするほうが、まったくのゼロから絞り出すよりも、いい発想につながりやすい**のです。

発想のヒントになるものは、探せばたくさんあります。

その事実に部下が気づけるような「いい質問」とは、どんなものでしょうか?

たとえば、iPhoneやMacBookなどApple製品が好きな部下なら、

「スティーブ・ジョブズなら、どう考えるだろうね?」

と、稀代の天才の思考をマネてみるよう提案するのはどうでしょう。部下が憧れている人、尊敬している人を登場させて、「マネしてみたらどうだろう?」とすすめるわけです。

あまりにも雲の上すぎる人だとイメージが湧かないのであれば、

「業界最大手のA社なら、どんなデザインを提案すると思う?」

「ウチの部トップのBさんなら、このプレゼンで何を目玉にするだろう？」

「君の尊敬するC先輩なら、どんな工夫をするだろうか？」

と、より身近なところから対象を引っ張ってきてもいいと思います。

実際にその人がどうするかが問題なのではなく、部下のものの見方や考え方の切り口を変えるための「きっかけ」を作ることが目的です。

「自由に考えていいんだよ」と上司に言われてもピンとこない部下が、自分の殻を破って、思いのままに発想をふくらませることができるように、「いい質問」で手助けしてあげてください。

第3章

会議・ミーティングを変える質問法

questioning skill

1

部下が積極的に発言しないとき

部下が発言しない理由

なぜ部下が会議で発言しないのか？

理由はそれぞれでしょう。

たとえば、「私が考えていることは、ほかの人たちもすでに考えていることだろう」と、自信がないのかもしれません。

「余計な発言をしたら、任される仕事が増えるかもしれないから黙っておこう」と面倒くさがっている可能性もあります。

単に知識や経験、あるいは発想力に乏しくて意見が思いつかないという人もいるでしょう。

会議というのは意見がなければ、話し合うことも検討することもできず、まともに機能しません。

意見は、どんなものでもあればあるだけいいはずです。複数意見が出ていることが、会議のスタートラインといってもいいでしょう。

どんな部下でも気軽に意見が言えるようにするために、上司としてできることは、発言のハードルをぐんと下げること。

ただ、「どんな意見でも構わないよ」と言っても、上司の言う「どんな意見」がどの程度のレベルで想定されているのか部下にはわかりませんから、「いや、自分の意見なんて……」という気持ちは拭えないわけです。

ですから具体的に、どの程度のレベルが許容されるのか、事前に設定するのがおすすめです。


「学生だったら、どう考えるだろうか?」

「20代の人だったら、どう思うだろうか?」

「感想でもいいので聞かせてくれないかな?」

「○○に限ったことでもいいから、意見を聞かせてくれないかな?」

部下が発言しようとしないとき、

「誰でも言えるようなことを言われても」

「ちょっと気の利いた意見がほしい」

といった雰囲気があると、輪をかけて発言しなくなります。

そうではなく、感想でもいいから発言してもらって意見の数を増やしつつ、発言することによって本人に、「自分もこの会議に参加しているんだ」という「当事者意識」を持ってもらうことが重要です。

発言しない部下には…
見当違いだったら…
バカにされないか…
気の利いたこと言わないと…
学生ならどう考えるだろう？
部下の不安を取り払う質問を

発言するハードルをぐんと下げる質問法

発言できない理由は人それぞれありますが、共通しているのは、その会議が「自分事」になっていないということ。

他人事だから、意見を出さなくても平気でいられます。一方で、自分自身のことが、他人の意見のみで決められていくことを、平気に思う人はいませんよね。

彼らは、目の前の会議が、自分にとって重要なことなのだと気づいていません。

それに気づいてもらうための質問が必要です。

発言の機会を作るという意味では、

「A君の今の意見を聞いて、あなたはどう思った?」

「Bさんの提案に対して、感想を聞かせてくれないかな?」

と、すでに発言した人の意見に上乗せしていく形で発言してもらうのも一つの方法です。それなりにキャリアのある部下であれば、それほど難しい質問ではないはず。出てきたのが目新しいアイデアや、気の利いた意見でなくとも、

「なるほど。ありがとう。たしかにそうかもしれないね」

と、受け止めてください。どんな意見であっても、否定されたりダメ出しされたりしないのだとわかれば、部下はより発言しやすくなります。

発言に対する心理的なハードルがぐんと下がるのです。

あの手この手で、ハードルをぐんぐん下げて、部下にかかるプレッシャーを緩めていきましょう。

自尊心の高い部下にはこの質問

さて、ここまでは消極的だったり、後ろ向きだったりする理由から発言しない人に対して、当事者意識を持ってもらうための質問をお伝えしてきました。

ただ、これに該当しない「発言しない部下」もまれにいます。非常に自分に自信があり、自尊心の高いタイプの部下です。

「会議の内容が取るに足りない」

「自分が発言するほどのことではない」

と思っているから、積極的に意見しようとしません。

こういう理由で発言しない部下に対しては、「人の意見に上乗せ」する質問にちょっと工夫を加えてみてはどうでしょう。

たとえば、次のような質問を投げかけてみます。

「今の意見に対して、アイデアをつけ加えるとしたら？」

「Cさんの提案に関して、どんなことが言えそう？」

これは質問の形を取っていますが、「アドバイスを求めている」ようにも受け取れますよね。こうして部下の自尊心をくすぐるのです。

また、

「ここまでの会議の流れを、簡単にまとめてもらえるかな?」

「みんなの意見を総括してもらえますか?」

「今日の会議の最大のポイントはどこだろう?」

「今の段階で、まだ足りていないことはないだろうか?」

といった質問によって、当事者意識の乏しい部下に、重要な役割を任せるのも効果的だと思います。

自分の発言が注目されるシチュエーションを用意してあげれば、意見してもいいかな、という気持ちになってくれるかもしれません。

やはり大事なのは、自分が会議の当事者であると、自覚してもらうことです。部下の納得のいく状況を作り、発言する機会を用意して、本人を会議に巻き込んでいくことです。

部下のタイプに合わせて、「いい質問」をうまく選択してください。

「いい会議」の三つのファクター

さて、ここまでいくつかの会議における「いい質問」を紹介してきましたが、じつは「どんな質問をするか」以上に大事なことがあります。

「いい質問」が会議で効力を発揮するためには、その会議が「いい会議」であることが大前提です。

上司が厳しすぎたり、気が利いた意見を言わないと叱責されたりするような会議であれば、部下が萎縮してしまい意見できないのは当然ですよね。

上司が満足するか怒るかに、部下が一喜一憂するような会議は「いい会議」とは真逆です。

それが「いい会議」になるかどうかは、

・会議の進行者がどんな人なのか？
・会議に参加する上司がどんな人なのか？
・会議に参加するメンバーはどんな人たちなのか？

ということに少なからず影響されます。とくに、進行する立場の人や、発言力の強い立場の人は、自分の言動が会議に与える影響について、しっかりとわきまえておく必要があるでしょう。

いい意見は、いい会議でこそ生まれます。

これを上司はしっかり理解し、意識して、「いい質問」を利用しながら、いい会議となるよう立ち回らなければならないのです。

questioning skill

2

部下がネガティブな発言しかしないとき

ネガティブ発言＝悪ではない

一般的には、

「ネガティブ思考であるよりは、ポジティブ思考であるほうがいい」

と考えられているかと思います。

たしかに、後ろ向きな発言しかしない人が、チームのやる気を削いだり、会議の雰囲気を悪くしたりすることはありますよね。

ただ、私は必ずしもネガティブ思考が悪いとは思っていません。

というのも、自分自身がポジティブ思考をするタイプであり、それが原因で、ときに無鉄砲に突っ込んでいってしまうことがあるからです。

ですから、仕事におけるパートナー的立場には、いい意味でブレーキをかけてくれる人がいたほうがバランスが取れてうまくいきます。

「この点については、本当に大丈夫ですか？」

「これについて、忘れていませんか？」

と、**要所要所で「正しく足を引っ張ってくれる」**のです。

もとより、100％ポジティブ思考で生きている人はいないでしょう。誰にだってネガティブな部分はあります。どちらかに振りきっていれば、それはむしろバランスが悪い人です。

謙虚に自分の不得手な部分を理解しつつ、自分の長所についてもしっかりと把握していて、ポジティブとネガティブの天秤《てんびん》が若干、ポジティブ側に傾いているくらいが理想です。

ネガティブな意見を逆手に取る法

ネガティブな人というと、みんなで「さあやろう」と盛り上がっているときに、「でも、そのやり方は以前、失敗しましたよね?」「予算を度外視していませんか?」「目的がピンぼけしているのでは?」などと言って邪魔をしてくる空気の読めない人、といった印象がありませんか。

しかし、見方を変えれば、**ネガティブ思考な人は、「慎重さ」を取り戻す機会を作ってくれる人**でもあります。彼らの意見には、自分が見落としていたことや失念していたことが隠れているかもしれません。

たしかに同じ失敗をくり返すのは賢くありませんし、予算はきちんと意識しておく必要があります。ゴールがボケてしまっては、その過程が正しいかどうかも判断できません。ネガティブな人の意見がじつは本質をついている、というのは珍しいことではないのです。

だから、ネガティブな人が何を気にしているのか、心配しているのか、質問によって掘り下げてみるのも一つのやり方です。

「心配しているのはどの部分？」

「どのあたりに不安を感じる？」

「リスクがあるとしたら、どういうところだろう？」

といったように、ネガティブ発言をこちらから深掘りしてみましょう。

気づかずにいた懸念点を指摘されたり、抜けていた情報を思い出させてくれたりと、思いがけず有益な意見を聞ける可能性があります。

同時に、ネガティブな発言を、ポジティブで協力的な意見に言い換えるための質問を、それとなく投げかけてみたらいいと思います。

意味するところは同じでも、少し表現を変えるだけで、周りに受け入れてもらいやすくなるからです。

「以前の失敗をくり返さないためには、何に気をつければいいかな？」

「予算内に収めるために、どんな工夫ができるだろうか？」

「目的からズレないためのアイデアを出してみない？」

ネガティブな部下の意見を踏まえつつ、それを言い換えた表現を使って質問を投げかけることで、前向きに考えるお手本を示してあげてください。そこから本質をついた意見が出てくれば、会議を活性化することにもつながるはずです。

すねている人の機嫌を直す質問

先ほど、「ネガティブ発言＝悪ではない」といいましたが、たとえば人を攻撃したり、アイデアをバカにしたりするような発言は見過ごせません。ほかのメンバーが安心して発言できなくなるからです。

ネガティブな発言ばかりするのは、思考が後ろ向きだからという理由のほかに、じつは本人がへそを曲げている、すねている、というケースもあります。

やることなすこと全部に文句を言われたり、ケチをつけられたりすれば、周りの人は一緒に仕事をするのは難しいと考え、その人を避けるでしょう。

しかし、当の本人としては、「もっと仲間に入りたい」「自分もメンバーの一員になりたい」「周りから認められたい」というのが本音だったりするのです。実際、妙につっかかってきたり、反抗的な意見ばかり出したりする人に、

「では、この件の担当をお願いしていいですか?」

と重要な仕事を任せたところ、二つ返事で引き受けて、生き生きと仕事に取り組むようになったことがありました。自主的に提案を持ってきたり、積極的に調べて発表したりするようになったのです。

こういうタイプの人には、自分の役割を、自分で決めてもらうのが効果的です。

「この案件で、君にどの部分で力を貸してもらえますか？」

「今回の企画で、あなたが力を発揮できそうなのはどの分野ですか？」

と尋ねてみるといいと思います。

ネガティブ思考である彼らの意見は、本質をついているかもしれないし、ただへそを曲げているだけかもしれません。

人の目を気にせずに、誰が聞いてもネガティブにしか聞こえない発言ができるというのは、ある意味、積極性があるとも受け取れます。

一方で、言葉にとてもトゲがあるような言い方をしてしまう場合、そこにはなんらかの感情が込められているはず。きつい言い方をせずにはいられないのなら、その部下はマイナスの感情を抱えている可能性があると考えられます。

マイナスの方向に流されている部下の感情を、可能な限りプラスの方向に変えていけたら、出てくる言葉も、考え方もポジティブに変わるはず。合わせて「自走力」も育つに違いありません。

questioning skill

3 部下の話が〝脱線〟ばかりするとき

「原点」に戻ってもらうこと

会議の場だからといって、話が脱線することが絶対に悪いとは思いません。一見関係のない話題の中から、面白い発見に遭遇することだってあります。

「ちょっと脱線になりますけど……」と、発言している本人にテーマから外れているという認識があるなら、流れを元に戻すのも容易ですし、さほど問題にはなりません。

問題は、脱線させてしまった自覚がないケースです。

会議を進行する立場にいる人は、会議中、あちこちに目配りする必要があります。時間も気にかけておかなければいけませんし、発言者に偏りはないか、発言の見落としはないか、話し合いはゴールに向かってズレることなく進んでいるか……とにかく確認に忙しく頭はフル回転しています。

だから、会議の途中で、本筋とは関係なさそうな話題を取り上げる人が出てくると、イラッとするのも仕方がありません。

このとき、

「脱線しないでもらえます?」

とはさすがに言えませんが、発言している本人には、話が脱線してしまっていることを認識してもらう必要があります。

一体、どんな言葉を投げかければ、その人は脱線に気づいてくれるのでしょうか。

一番無難なのは、まず「一度整理しましょう。今のテーマは◯◯についてでしたね」と状況を再確認してから、

「今話してくれた意見は、このテーマのどの部分に該当する？」

「今の話は、何から思いついたの？」


と確認してみることです。テーマを改めて確認することで、

「すみません。ちょっとズレていましたね」

「今回の件とは関係がないかもしれませんね」

と、本人が気づくこともあるでしょう。

予定調和を崩す意見が「脱線」とは限らない

ただ一点、心に留めておいてほしいことがあります。
こちら側が「話が脱線している」と判断した場合でも、本人としては、「先ほどのAさんの意見は、別の視点からも考えておかなければいけないと思って発言しました」

などと意図しているケースがあるのです。

つまり、**こちらが脱線と見なした発言でも、部下にとっては「本筋に関連している」と考えた結果の発言である場合もあります。**

会議に臨むとき、とくに進行役や管理職といった立場の人は、あらかじめ会議の出発点とゴール地点をなんとなく想定しているものです。

まずはここから話し合いをスタートさせて、こういった流れでゴールに向かうだろう。この地点では、この問題について議論が必要になるはずだ――と。

そうして多面的に捉えていきながら、参加者の意見をゴールまで運んでいこうと考えているし、会議の場では、想定通りの流れになるように立ち振る舞うでしょう。

そこに、突然、想定外の一見したら本筋とは外れているように思える発言が飛び込んできたら、「できるだけ穏便に排除しなければ」と考えるのもうなずけます。

しかし、こちらにしてみれば脱線としか思えない発言であっても、部下にとっては今ここで発言するだけの十分な理由があるのかもしれません。

実際にその意見が的を射ているかどうかはともかく、意見しようとする積極性は歓迎すべきですよね。当事者意識をしっかりと持っている証拠です。

ですから、**たとえ本筋とは外れているように思える意見でも、「まずは耳を傾ける」という姿勢を上司は持っておく必要があります。**

「今の話、今回のテーマとどうつながるの？」

と部下に尋ねてみたいときは、「脱線している」と頭から決めつけたりせず、「部下の考えをきちんと確認しよう」という心づもりで質問してほしいと思います。

アリはエサを見つけるとフェロモンを出して、巣からエサまでの道のりを仲間のアリに伝えるそうです。

そのおかげで仲間はエサと巣の間を簡単に往復できるようになるわけですが、必ずしもみながフェロモンで結ばれたラインに並ぶわけではありません。

あっちにフラフラ、こっちにフラフラするアリも出てきます。

一見サボって遊んでいるように見えます。

しかし、フラフラしているアリたちは、じつはすでに発見されたエサとは別のエサを発見する役割を持っており、あえてフラフラしているのだそうです。

一見脱線しているように見えるアリは、本筋から外れたところにある未発見のエサを見つけるために、行動しているわけです。

とはいえ、意見がわかりづらかったり、まとまっていないように聞こえたりすることもあるでしょう。

そのようなときには、

「今の意見をシンプルに言うと？」

「あなたのその意見の大切なポイントはどこだろう？」

といった聞き方もおすすめです。

簡潔に意見をまとめてもらうことで、部下の話に本筋とのつながりがあるかどうか確認できますよね。

意見を聞いて納得する答えが返ってきたら、

「なるほど、たしかに今、その点について意見交換したほうがよさそうだ」

と、受け入れればいいのです。

逆に、今のテーマとの関係が薄いということであれば、

「それはそれで大事なことだから、ぜひ別の機会に改めて話し合う時間を設けましょう」

といった提案をするなどして話題を切り上げ、元のルートに軌道修正するといいでしょう。

questioning skill

4

部下の発言がだらだらと長いとき

もう一度発言するチャンスを与えてみる

会議での発言を聞いていて、

「……つまり、どういうこと？」

と尋ねたくなることはありませんか？

話にまとまりがなくて、何が言いたいのかさっぱりわからないのです。

意見が交錯する会議の場では、発言しながら同時進行で頭の整理をする必要がある状況に陥ることもめずらしくないでしょう。

言いたいことがまとまらないまま発言すると、話が行ったり来たりし、同じことをくり返したり、言い淀んだりしつつ、とりとめのない話をだらだら続けてしまうことになります。

聞いているほうは要点がわかりにくいし、言いたいことが把握できないので、理解しようと努力しなければならず苦痛です。

だからといって、聞き流したり、曖昧にしたりしたままで次に進もうとしないこと。

なぜなら、**要点をまとめれば、聞くに値する意見になる可能性もある**からです。

本人もとりとめのない話をしてしまったと悔やんでいるでしょうから、

「大切なポイントをひと言で言うと？」

「今の話を要約してみると？」

という質問で、もう一度発言するチャンスを作ってあげるといいと思います。部下のちらかった頭の中を、部下自身に整理してもらいましょう。
このとき、数字を使って整理するように提案するのもいい方法です。

「今の発言の重要ポイントを一つだけ挙げると？」

「その意見を三つのポイントにまとめてみると？」

といった質問をしてみてください。
多すぎても、少なすぎてもまとめにくくなるので、三つくらいが適当でしょうか。
数字はあくまで、部下が意見を整理しやすくするための道具にすぎませんから、こだわらないこと。「ポイントは四つです」と言われたら、四つで構いません。

「これ、奥さんに一回見てもらってごらん」

私がトヨタに勤めていたころ、企画書や稟議書を上司に持っていくと、

「これ、奥さんに一回見てもらってごらん」
「自分の子どもに教えるように書いてみよう」

と、よくアドバイスを受けました。

当時、企画書などの書類はたいていＡ４サイズの紙でしたが、そこに文字をびっしり詰め込んで持っていくと、

「〝建《けん》ぺい率〟が高すぎるよ」

と書類を返されたこともありました。

建ぺい率とは、建築用語で敷地面積に対する建築面積（建物が覆う部分の面積）の割合を示すものです。書類の建ぺい率が高すぎるとは要するに、Ａ４サイズの紙の上に乗っかっている文字の量が多すぎるということ。

つまり、無駄を削り、簡潔に書くように求められたのです。

シンプルでわかりやすいのが一番なのは、書類だけの話ではありません。会議での発

言も同じです。

難しい言葉などを使ってくどくど説明するより、わかりやすい言葉でシンプルにまとまっているほうが、聞いている側の理解は早くなります。

だらだらと話が続いてしまう部下には、

「中学生が相手なら、どう説明する？」

「素人《しろうと》でも理解できるように説明すると？」


といったように聞いてみるのはどうでしょう。

子どもにわかってもらおうと思えば、専門用語は使えません。難しい言い回しも避けて、無駄な部分を極力削ぎ落とし、誰にでもわかる言葉に落とし込まなければなりませんよね。

それをやってみよう、と提案する質問です。

わかりやすさの基準として「高校生」「素人」などを提示しているわけですが、「あなたのお子さん」とか「ご両親」といった身近な人を想定させるのもいいと思います。わかりやすくどう表現すればいいか、よりイメージが湧きやすくなるはずです。

「今のあなたの意見を、1分でまとめてみると?」


といったように、制限時間を設けてみるのもおすすめ。

場合によっては、会議が始まる前に、

「一回の発言は1分以内」

とルールを決めておくと、まとまりのない意見が頻発せずにすみます。

一方で、このルールは自信のない人に対して、余計に躊躇《ちゅうちょ》させてしまう可能性もありますから、参加メンバーや会議のテーマに照らし合わせて、臨機応変に対応するようにしてください。

questioning skill

5

部下が会議で決まったことを実行しないとき

「なぜ?」「どうして?」では本当の原因はわからない

会議がスタートして、

「それで、前回の例の件はどのくらい進んでいる?」

と進捗状況を確認してみたら、視線をそらしたり、口ごもったりする部下がちらほら……。さては何も行動を起こしていないな、と勘づいたとします。

このとき、前回の会議を終えてから、部下がやるべき行動を起こさなかったことを問題にする前に、一つだけ考えてみてください。

それは、

「前回の会議の終わらせ方が甘かったのではないか？」

という点についてです。

会議で、そのとき話し合ったテーマについて、今後の方針や目指すべきゴールが固まったら、ひと仕事終えたとばかりにほっと息をつきたくなります。

でも、そこで会議を終わらせるのは早すぎます。

みなで協力して向かうべきゴールが決まったあとは、一人ひとりの行動に落とし込まなければなりません。

誰が、いつまでに、どのような仕事を終わらせるのかを、きっちり決めておく必要があります。

こうして役割と期日を明確にしておけば、部下たちも行動を起こしやすくなるからです。「あとは各自うまくやっておいて」では、誰もやりません。

一方で、具体化したのに、もし行動を起こさなかった部下がいたとしたら、それは部下が何か問題を抱えている可能性があります。

だからといって、

「なぜやらなかったんだ！」

「どうして決まった通りに動かないんだ！」

と責めるのが得策ではないということは、みなさんおわかりでしょう。

叱りつけても、彼らは下を向いてだんまりを決め込むか、「すみません」をくり返して嵐がすぎるのを待つかです。

そうではなく、

「実行の邪魔をしたものはなんだろう？」

「君の行動を止めたものはなんだろう？」

と尋ねてみてください。

行動を起こさなかった部下を咎《とが》めることはしません。

「あなたは仕事をきちんとできる人である」という大前提に立った上で、
「そんなあなたが行動を起こせないように邪魔したものは、一体なんですか？」
と問うのです。そうして部下自身に、自分の行動の障害となったものを探ってもらいましょう。

もしかしたらその部下は、そもそも前回の会議で決まった方針を理解していなかったのかもしれません。

またはなんらかの理由でモチベーションが下がっていたのかもしれないし、ほかの仕事でトラブルを抱えていて手が回らなかったのかもしれません。

どういった「障害」があったにせよ、それを取り除くためにどうするか一緒に対応策を練るためには、何が「障害」であったのかを上司と部下で共有する必要がありますよね。

そしてこの質問は、「一緒に問題を解決しよう」と部下に手を差し伸べるためのものでもあります。部下を責めず、否定せず、自分が部下の味方であることを印象づけるものです。

部下に心を開いてもらって、何が行動を邪魔したのか素直に教えてもらわないことには、次の段階に進めません。部下が本音をしゃべりやすくなるような空気感を、「いい質問」で上手に作り上げてください。

この質問で、「改善策」に気づかせる

もし、部下が「実行の障害となったもの」をうまく言葉にできないときは、別の角度からの新たな質問で助け舟を出してあげるといいと思います。

たとえば、

「今回行動を起こせなかったことで、わかったことは何かな？」

と、失敗そのものから少し焦点を外した質問をしてみます。

ミスした部下は、後悔や焦りから冷静ではいられないかもしれません。

ですからこの質問で、ネガティブな思考に陥らせる現状から一度離れて、

「失敗から得たものはなかったかな？」

と、ポジティブな方向で考えてもらうのです。

「最初にA社との交渉に着手すると決まっていましたが、じつはその前段階としてB社との調整をしておく必要がありました」

「Cの部署とのすり合わせが抜けていたため、書類の作成が間に合いませんでした」

「既存のマニュアルが古くなっていて、対応が間に合いませんでした」

「最初に組んだスケジュールがタイトすぎて、手が回りませんでした」

こうした気づきは、次の改善につながるとても有益な情報です。

事前の検討が不十分であったことがわかりますし、部下が何を苦手としているのか見えてくるかもしれません。同じような失敗が起きないように、会議で共有しておく価値があります。

合わせて、

「次はどうするとうまくいくと思う?」

と考えてもらえば、部下は失敗で得た気づきから教訓を得ることができます。

この質問で、過去を悔やむ気持ちから、未来をよりよくしようとする方向へと変えていけるはずです。

この最後のフォローを忘れない

失敗を嘆いているうちは、部下は一つも成長しません。

そこから抜け出して、次の行動へと移っていけるように、「いい質問」を利用してサポートしてあげてください。

部下の行動を邪魔したものが取り除かれ、失敗から次につながる教訓を得たところで、さらに最後のフォローをしておきましょう。

「何か私にサポートしてほしいことはある？」

と確認してください。

「隣の部の部長に根回しにいかなければいけないけれど、行きづらい」と部下が尻込みしているなら、

「同席しようか？」

「事前に一本、電話を入れておくよ」

と約束すれば、部下も少しは気がラクになるでしょう。

会議の場でこのやり取りをすることで、本人にはもちろん、同席しているほかの人たちにも、

「ウチの上司は、いざとなったら助けてくれる」

「頼ったら、力になってくれる」

とわかってもらえるに違いありません。

部下に仕事をまるごと任せる機会を作ることも、部下の成長のためには必要です。

一方で、任せたからといって任せっぱなしにせず、ときに見守り、ときに手を貸すことも上司の役割です。

ただ、いざというときは頼ってもいいのだということが、部下に伝わっていないかもしれません。

上司としてきちんと部下を支援する気構えがあることが周りに伝われば、部下たちの心理的なハードルはかなり下がります。ほんの短いひと言ですが、これがあるのとないのとでは大違い。

部下との間に信頼関係を築くための、足がかりになってくれる「いい質問」です。

反省させることも忘れずに

会議で決まった担当業務を行なわなかった部下の中には、たいして悪びれもせずに飄々としているタイプの人もいるかもしれませんね。

そのような人は、「自分は悪くない」や、「たいしたことないだろう」、あるいは「忙しかったんだから、仕方ないだろう」などと思っている可能性があります。

このような場合、いつもより少し踏み込んだ対応が必要です。
まずは、「本人が今どのように思っているのか、次のような質問で聞き出しましょう。

「どんなことでもいいから、今、思っていることを話してみてくれないかな？」

話を聞いてみると、何かの言いにくい事情があって本人も困っている、ということもあるかもしれません。その場合には、親身になってその障害を取り除くことを支援してあげてください。

一方で、本人の甘えや気の緩みなどが原因と思われるような場合は、本人の成長のためにも、次の四つのステップで指導するといいでしょう。

最初のステップは、本人が約束を守らなかったことによるチームへの影響を伝えます。

「全体のスケジュールが1週間遅れた」

「後輩の○○さんが、ほかの仕事との調整が発生して苦労していた」

「追加の費用として○万円が余計にかかった」

など、事実として発生したことや、発生してもおかしくなかった危険などを共有します。


次のステップで、あなたが上司として、どのように感じているかを伝えます。

「報告を楽しみにしていたので、残念に思っている」

「ほかのメンバーに余計な負荷をかけてしまって、申し訳ないと思っている」

など、本人を責めるのではなく、自分の中で感じていることを伝えるようにするといいでしょう。そのあと、少し沈黙して、本人の内省の時間を設けてください。


三つ目のステップは、挽回できること、応援・信頼していることを伝えます。

「君ならできると信じているよ」

「次の報告を楽しみにしているよ」

などと、期待していること、応援していることを伝えてください。


そして、最後のステップは、「いい質問」の出番です。「経験学習モデル」を踏まえて、

「今回の経験で、どんな気づきがあった？」

「今後にどう活かす？　具体的には？」

「挽回するために、どんなことができるかな？」


まだ経験が浅い部下には、助言をする必要もあるでしょう。本人の考えを尊重した上で、短めの助言をつけ加えるといいでしょう。

第4章

これが最高の「1on1ミーティング」

questioning skill

1

上司・部下の「距離感」に悩む人が増えている

なぜ「1on1ミーティング」に注目が集まっているのか？

コロナ禍以降、私たちのビジネス環境は大きく変化しました。

いわゆる「リモート社会」といわれるように、一時期はリモートワークがベースとなり、会議などは軒並みオンラインで行なわれるようになりました。

もっとも昨今は、あまりにもリモートに偏りすぎたためか、状況は変わりつつあります。

社員同士のコミュニケーションがほとんどなくなり、上司や部下の人となりを把握するのも難しくなるといった弊害が出てきているケースがあるからです。

リモートワークの推進に貢献したZoomを提供する会社ですら、フルリモート勤務を廃止したというのです。

私は仕事柄、さまざまな企業の方とお付き合いがありますが、「上司と部下の距離が以前より遠くなってしまった」という声を、業種問わずよく耳にするのです。

このところ「1on1ミーティング」が注目を集めているのも、こうした背景があるからでしょう。書店にも「1on1ミーティング」関連の本が増えました。

私のところにも、「1on1ミーティング」の導入・定着や、立て直しの支援を求めて声をかけてくださるクライアントが増えています。

ちなみに、「1on1ミーティング」とは、上司と部下が一対一で行なう面談のことです。実際にやってみた経験がある、今も継続して行なっているという方も少なくないと思います。

30分から1時間のミーティングが、週に一回、月に一回というように、定期的にくり返されます。部下の育成やモチベーションの向上を目的としたもので、基本的に上司は部下の話を聞くことに注力します。

「1on1ミーティング」の土台にあるのはコーチングです。

コーチングが個人や企業において有益なものであることは、今さら私が声高にいうまでもないと思います。

しかし、私が研修講師の活動を始めた2010年ごろは、企業の中では、「コーチングは役に立たない」という声も少なくありませんでした。

というのも、コーチングは「教える」のではなく、「引き出す」ことを目的とするため、「教えてはいけない部下育成なんてやりづらい」「コーチングは使えない」と感じた管理職が多かったのです。「コーチング」と「ティーチング」は対立軸のように扱われることもありました。

そのような中、アメリカが発祥だといわれる「1on1ミーティング」が日本の企業にも知られるようになりました。「1on1ミーティング」には、コーチングとティーチングの二つの要素が含まれており、痒《かゆ》かった背中に手が届いたかのように、日本の企業の間で導入が進んだのでしょう。

「いい質問」で単なる相談とは一線を画す

また多くの企業が「1on1ミーティング」の導入に興味を引かれた背景には、2023年3月期決算から企業の「人的資本の開示」が義務化されたこともあるでしょう。〝人的資本〟とは、人材を「モノ」や「カネ」と同様に資本として捉える経済学用語です。

人的資本の情報開示は、有価証券報告書を発行している大手企業約4000社に義務づけられました。

これらの企業は、有価証券報告書にその情報を正しく記載し、公開しなければなりません。

開示が求められる項目の中には、「育成」や「エンゲージメント」、「流動性」、「ダイバーシティ」、「健康・安全」などが含まれています。

これらの改善・向上を目指す上で、「1 on 1ミーティング」は非常に有効な取り組みといえるのです。

しかし、「1 on 1ミーティング」の導入目的がしっかりと伝わっていないことや、やり方が十分に教育されていないため、「1 on 1ミーティング」が単なる雑談になっていることも少なくありません。

上司と部下の距離感を縮め、関係性をよくし、さらに部下がモチベーションを高め、成長し、仕事により意欲的になるような効果が、雑談するだけで得られるはずもないのです。

結局、形だけやってみたものの期待したようには機能せず、生産性も上がらずで、挫折している企業も多いといいます。経営側は、こんなはずではなかったと慌てているようです。

では、一体どうすれば「1 on 1ミーティング」が意味あるものになるのでしょうか。

なぜ今、1on1か？

ここで役立つのが「いい質問」です。
当たり障りのない雑談で終わらせず、

・部下が話したくなる質問
・部下の気持ちを切り替える質問
・部下との距離を縮める質問

など「いい質問」ができれば、「1on1ミーティング」ではもちろん、上司と部下の何気ない会話でも、必ず十分な効果を発揮してくれます。そのことについて、これから具体的にお話ししていきましょう。

questioning skill

2 部下が「話すことがない」と言うとき

「1on1ミーティング」は部下のための時間

前項で少し触れましたが、「1on1ミーティング」とは文字通り、上司と部下が一対一で行なうものです。

一回30分のミーティングを月一回くらいの頻度で行なうのが一般的です。

「1on1ミーティング」は、業務進捗の報告会でも、キャリア育成に特化したものでもありません。

主な目的は、「従業員エンゲージメントを高める」こと。上司と部下、ひいては会社と社員の関係性を深めることです。

従業員エンゲージメントを高めることで、会社の業績向上や、離職率の低下につながるといわれています。

人事や経営幹部クラスの人たちは、おそらくそういったことを期待して導入を決めているのでしょうが、いざ社内で実施されるとなると、

「上司と部下で一対一で話をする時間を作りなさい」

という号令がかかる程度で終わることも少なくありません。

やるように言われたから仕方なくやってはみたものの、単なる雑談で終わってしまったり、上司が部下に一方的に話す展開になってしまったり……。

そうなると、部下にとっては単なる苦痛の時間でしかありません。

意味もなくやらされている感が強くて、「1on1ミーティングは意味がない」という評価になってしまうわけです。

「1on1ミーティング」は、部下のための時間です。

この認識が土台になければ、部下の満足は得られません。

事前に部下がミーティングのテーマを決め、部下が話したい内容を話します。上司に対して、

「今日は、話を聞いてほしい」

「今回は、アドバイスがほしい」

といったように、部下が要望を出します。部下を主体とした、部下が主役のミーティングです。

二人での会話になりますから、深い話をすることもできます。プライベートな話に発展することもめずらしくありません。会議とはかなり違うものになります。

上司は、部下の要望が満たされるように意識しなければなりません。

自分の話を聞いてほしいと思っている部下の話をさえぎって、アドバイスばかりしていたら、部下は不満を感じます。

逆に、アドバイスがほしかったのに、上司が話を聞くだけで終わってしまったら、部

下は落胆するでしょう。

「1on1ミーティング」は部下のためのものである――。これを常に頭の片隅に置いておいてください。

「いい質問」を最大限に活かすには?

私は現在、月に150件以上の「1on1ミーティング」のセッションをサポートしています。

セッション後は毎回、部下の方に満足度を5段階で評価してもらうのですが、評価の平均は4・0~4・3くらいです。上司の方からも、「部下が前向きに変わってきた」という声が集まっています。

きちんと仕組みを整えて、正しいやり方で行なわれる「1on1ミーティング」であれば、部下も楽しく話ができるし、上司も前のめりになって部下の話を聞きます。

せっかく上司と部下の関係性を深められる機会が用意されているのに、きちんと活用しないのはもったいないと思いませんか。

まずは上司が、「1on1ミーティング」の目的とやり方について、正しく理解しておくことが重要です。

そして、**部下にとって納得のいく結果になるよう、傾聴に加えて「いい質問」を駆使してほしい**と思います。

さらにいえば、「1on1ミーティング」は、二人がどのようなやり取りをするかによって、その成果が変わります。

「いい質問」はもちろん、部下の返答に対して「いい対応」ができるかどうか、つまり「いいコミュニケーション」ができることが、部下の満足度を左右します。

慣れないうちは「上司主導」でもOK

ただ、部下のほうも、「なんでも話していいですよ」と急に言われると、「いや、別に話すことはありません」と感じることも多いようです。

とくに「1on1ミーティング」を導入したばかりの初期の段階では、部下が何を話せばいいのか悩む傾向があります。

また、関係性ができていない上司に、あれこれと個人的なことを話したくないと思う人もいるので、「わざわざ上司に聞いてもらいたい話などない」という意味で、「話すことはない」と言う人もいます。

「話すことはない」というのは、補足すると、

「今、あなたに話すことはない」

という意味なのです。

もっともこれは、「1on1ミーティング」に慣れて、上司との関係が深まるにつれて、おのずと解消されていく問題ですから大丈夫。最初のうちは、上司のほうから話の口火を切るのもいいでしょう。

私は、一回目、二回目のセッションでは、お互いの自己紹介から始めるようにおすすめしています。

幼少期のこと、学生時代にがんばってきたこと、趣味や家族の話など、まずは上司で

あるあなたのほうから長めの自己紹介をしてください。

もし部下の番になっても話しにくそうにしていたら、質問を利用して話題を提供しましょう。


「学生時代に熱中していたのは、どんなこと？」

「採用面接ではどんな話をしたの？」

「ここまでの社会人生活を振り返ると、どうだった？」

「趣味の話を聞かせてくれる？」

「最近、どんな映画を観た？」

「最近、どんな本を読んだ？」

「夏休みはどんな休みにしたい？」


部下の様子を見て、話しにくそうならその話題は切り上げて、部下が答えやすそうな身近な話題に移ってみてください。

ただし、矢継ぎ早に質問すると、部下が圧迫感を抱くので注意が必要です。

慣れていないうちは、セッションの前に、話題になりそうなネタをいくつか用意しておくのがいいと思います。

先のような質問案を控えておくと話題に困らず安心です。

「自己開示」は上司から

「部下はプライベートな話をしたがらないのでは」と心配になる人もいるでしょう。

しかし、私が実際に「1 on 1ミーティング」の支援を行なっている企業の部下の方にインタビューをしてみたところ、

「プライベートのことだからといって、上司に話したくないとは思わない」

「お互いにプライベートの話をすることで、仕事のときも質問などしやすくなった」

という声が多かったのが印象的でした。ですから、必要以上に心配することはないと思います。

ただ、まだあまり部下との関係性が築けていない状態で、「週末は何してるの？」といった話題について、根掘り葉掘り矢継ぎ早に聞くような態度は、嫌がられる場合があります。

何度もいうように「1on1ミーティング」の基本は、自分が聞きたい話を聞くのではなく、部下が話したい話を聞くことです。

上司が考えるべきは、部下に「この上司にならば仕事以外のことを話してもいいかな」と思ってもらうために、何ができるかということです。

部下が話しにくそうにしているのであれば、まず上司のほうから「自己開示」すること。

「今回は、私のほうから話をしてもいい？」

と断ってから、

「今週末は、妻と映画を観にいったんだよ。妻は動物が好きでね。かわいい猫が出てくる映画なんだけど、知ってる？　最初は子ども向けの映画かなと思って観にいくのがちょっと恥ずかしかったんだけど、大人でも十分に楽しめた。いろいろ考えさせられることもあってね」

といったくらいの、当たり障りのないプライベートな日常について話してみます。その上で、部下に話を振ってみるわけです。

先に自己開示してもらうと、人は自分のことについても相手に話しやすくなります。

先にお手本を聞いてもらって、「この程度の話題でいいのか」とわかってもらうのもポイントです。話の内容は自分で決められるので、その時点で部下自身が話してもよいと思える話をしてくれるでしょう。

「話しにくい話でも聞くよ」と伝わる方法

もう少し相手に踏み込みたいと思うときには、

「じつは、妻が入院していて、ちょっと大変でね」

といった、**一般的にはあまり人に話したくないようなことを、あえてこちらが先に話**

題にしてみるのも一つの方法です。

「1on1ミーティング」は、通常の業務時間内で行なわれるため、初めのうちは、仕事以外のことなど話題にしてはいけない、とほとんどの部下が思い込んでいるようです。

そこで、上司のほうからプライベートの話を持ち出すことで、「仕事以外の話もしていいんだな」と部下にわかってもらい、「じゃあ、自分も話してみようかな」という気になってもらいましょう。

くり返しになりますが、「1on1ミーティング」は部下のためのものです。部下が話を始めたら、まずは聞くのが上司の役割。「どんなことでも聞く」という姿勢でぜひ臨んでほしいと思います。

questioning skill

3

部下がグチや批判ばかりをくり返すとき

「聞き役」に徹する

いざ「1 on 1ミーティング」を実施するとなったら、肩の力を抜いて、仕事中の息抜きに話をするくらいの気持ちで、部下と向き合ってあげてください。

かしこまった話をする場というよりは、リラックスして、言いたいことは、なんでも言ってほしい——。そういう場であることを、あなたの態度からも伝わるようにしてあげたらいいと思います。

そして、とにかく部下の話を聞きましょう。

話したいことは人それぞれですし、話してはいけない話題など基本的にはないのですが、部下がどんな話題を選ぶのかは気になるところですよね。

たとえば、部下がグチや批判ばかりをくり返していたとしたら、どう対応すればいいのでしょうか？

基本は変わりません。

まずは聞いてください。

とくにグチや批判ばかりの人は、不平不満でいっぱいですから、言いたいことがたくさんあって仕方ないはずです。それらを吐き出せる場所を探しています。

ですから、

「なるほど、そうか」

と、とにかく聞き役に徹します。

途中で、

「いや、それは違う」

「誤解しているんじゃないかな」

などと話の腰を折るのは厳禁。

とくに、「話を聞いてほしい」という要望が部下から出ている場合、部下は解決策もアドバイスも期待していないのは明白です。

ですから、部下の言葉をひたすら受け止めてください。

言いたいことを全部吐き出させること

不平不満の溜まった部下には、語りたいように語らせてガス抜きしてもらうのが最優先です。

吐き出したいだけ吐き出させるというこのプロセス、じつはとても大事です。

ガス抜きが不十分なまま上司が口出ししてしまうと、余計に不満が溜まってしまい、部下からの信頼度を大幅に下げてしまうでしょう。

そうならないように、反論やアドバイスがあってもぐっと飲み込んで、聞き続ける忍耐が上司には求められます。

ここでの忍耐は、決して無駄になりません。必ずその先で、部下の心の壁を打ち破り、いい関係を築ける未来が待っています。

それを信じて耐えてください。

実際に、我慢強く部下の話を聞き続け、今よりいい関係が築けたころには、たくましい忍耐力が培われていることでしょう。

また同じ状況に陥っても、すでに成功体験があるのですから、耐えることも難しくなるはず。

つまり、部下の心を軽くするだけでなく、上司であるあなた自身の人間力が高まるチャンスでもあるのです。

「主役は部下」であることを忘れない

部下がほとんどのグチを吐き出したと思われるところで、

「じゃあ、どうしようか？」

と、声をかけてみましょう。

これには二つの意味があって、一つは、

「このままもうちょっとグチを続ける？」

という確認です。もう一つは、

「では今後、どうする？」

「私や会社に求めることはある？」

と、部下が語ったグチや批判に対する解決策について、意見を問うものです。

どちらの意味で受け取るかは、部下に委ねましょう。

「もう少し話を聞いてもらってもいいですか？」

「まだ、話したいことがあります」

と部下が言うのであれば、もちろん聞きましょう。

部下がなんらかの展望について口にしたり、もしくはあなたにアドバイスや解決策を求めたりしたときには、部下の要望を確認するために次のような質問をしながら、いい方法を探ってみてください。

「何か会社に求めることはある？」

「私に期待することはある？」

「今後、どうしていきたいと思っている？」

「君だったらどうする？」

「どうするともっといいチームになると思う？」

「あなたはどんなふうに力を貸してくれる？」

部下に質問をするときに忘れないでほしいのは、何度もいうように、「1on1ミーティング」の主役はあくまで部下であるということ。

そして、

「君が間違っていないか確認するから、言ってみなさい」

ではなくて、

「私が気づいていないことがあるかもしれないから、話してほしい」

と、謙虚な態度で臨むことです。

「上」司、部「下」というように、両者の間には上下関係があることが、これまでは当たり前とされてきました。

しかし、この感覚は、今日では古くなってきています。

最近では、大企業などではとくに、人を「課長」「部長」といった役職では呼ばない方針が取られています。年齢性別問わず「さんづけ」で呼んでいることが多いようです。

また、部下に対しても、あだ名で呼ばないようにする方針が増えています。

その是非は別として、管理職は偉いのではなく役割です。

上司だろうと、部下だろうと、相手を同じ「人」として尊重する姿勢を、重視する時代なのです。

会話を円滑にするこのひと言

もし、部下の考えが的を射ていなかったり、組織の方針と大きくズレていたりして、どうしても伝えなければならないことがある場合には、どうすればいいのでしょうか？

「一つ、私から話してもいいかな？」

と先に断って、本人に了解を得てから、伝えましょう。

このワンクッションは不可欠です。

会話はキャッチボールのようなものだとよくいわれます。

その点、相手の意見に対してすぐ反論を提示するのは、あちらが投げたボールをバットで打ち返すようなコミュニケーションの取り方で、部下を警戒させてしまうので要注意です。

そして、部下にこちらの意見を受け止めてもらえるように、「君の意見は、会社の方針と異なるところもあるように思うけど、それについてはどう思う？」

というように、できるだけ事実ベースで話をするといいでしょう。

また、部下の「聞いてほしい」という気持ちが収まらなければ、上司であるあなたの意見を伝えるのは次のセッションにしてもいいと思います。

部下の心も整理されて、「上司の意見も聞いてみたい」という気持ちになっているかもしれません。

questioning skill

4

部下が以前と正反対のことを話すとき

「矛盾している」と決めつけない

「1on1ミーティング」の主役は部下であり、上司は部下が高い満足感を得られるように工夫する必要があります。

同時に、「1on1ミーティング」のセッションをくり返すことによって、上司の部下に対する理解は今まで以上に深まります。相手に関する情報が次第に増えていくのですから当然です。

そして、部下のことがわかっていくからこそ、二人でやり取りをしているうちに、ときに疑問に思ったり、気づいたりすることが出てくると思います。

意外にあるのが、

「この前とは言っていることが違うぞ？」

という瞬間です。

「前回はAさんに賛同していたようだが、今日は反対しているな」

「海外事業に興味を持っていたはずだが、今日は『海外には行きたくない』と言っている」

そんなふうに疑問に感じたなら、スルーしないで率直に聞いてみたらいいと思います。

このとき、

「おいおい、言っていることが違うじゃないか」

と批判するのではなく、

「何か私に誤解があるのかもしれない」

「どこか話の受け取り方が違ったのかもしれない」

「私は部下の本質を間違って理解していたのかもしれない」

というスタンスで、発言することが大事です。


「先日の君の意見と、今日の意見は違うように聞こえるけど、どうだろう？」

「前回の発言とちょっと違うように思うが、共通点はあるだろうか？」


こんなふうに、「なぜ矛盾を感じるのか」という点に、好奇心を持って、聞いてみたらいいと思います。

人の考えというのは複雑で、一見すると矛盾するような意見に聞こえても、本人にとってはまったく矛盾していないということもめずらしくありません。

たとえば、

「Aさんの意見に賛成です」

と言う人がいても、たいていは100％賛成なのではなく、

「大方は賛成なんだけれど、じつはこの部分だけは反対なんだよな」

と、内心で思っていることはよくあります。

矛盾を指摘したことで、

「じつは、この点については、Aさんとは意見が違うんです」

と部下から新しい情報を聞き出すことができたら、部下への理解度がさらに高まります。

矛盾していると思った部分に潜んでいるものを丁寧に掘り下げると、部下の本音が引き出せる可能性があります。

人が言語化できるのはあくまで「氷山の一角」

もしかしたら、

「この1か月で考え方が変わったんです」

と部下が答えるかもしれません。

となれば、部下に関する情報をアップデートする必要があります。

部下の意見が変わった要因はなんだったのか、うまく探りたいところです。一体この1か月の間に、何があったのか。興味は尽きませんよね。

「君が考えを変えたきっかけは何？」

「何が、あなたの意見を変えたの？」

と、さらに質問を重ねて深掘りしていけば、興味深い話が聞けそうです。

人が言葉で表現できるのは、意識のほんの一部分だといわれています。

例えるなら、氷山の一角のようなもの。

海面からのぞく、誰からも見える氷の山は、全体の意識のほんの一部分にすぎず、その大部分は海の下に隠れていて把握できません。

人が言葉にできるのは、自分の考えのほんの一部だけ。

言葉にされていない大部分についてはわからないままですから、ほんの一部にすぎない言葉を受けて意見やアドバイスしようと思っても、その人にとってずばり合う答えにならないことのほうが多いのです。

ですからコーチングでは、こちら側から相手に対して「答え」を用意することは基本的にしません。

傾聴や質問を重ねることで、その人自身が、自分の意識の中に隠れている答えを、「ああ、そういえばこんなのがあったな」と掘り起こし、見つけ出せるようにサポートします。

もしかしたら、矛盾しているように感じられる意見を言っている部下は、そのことに気づいていないかもしれません。上司のほうから指摘することで、改めて自分の考えの変化に気づく可能性もあります。

間違いなく自分の意見ではあっても、まだ潜在意識の奥底に押し込まれていて言語化できていないことはたくさんあります。それが、海面の上にある意識に影響を与えることは大いに考えられます。

本人がそれに気づけるように、「いい質問」や「いいコミュニケーション」で適度に刺激してあげてください。

questioning skill

5 部下が口だけで行動しないとき

任せていい部下、ダメな部下

「1on1ミーティング」は、継続して行なわれることに意味があります。

たとえば、セッションの中で部下が、

「では、これをやります」

と宣言したなら、それについては行動する責任が生じます。同時に、上司は管理職として部下の「やります宣言」を聞いたのですから、その後どうなったかを確認する責任があるでしょう。

「前回のあの件、どうなった？」

と、次のセッションでは必ず聞いてみてください。

こうした確認作業を上司がすることで、部下の実行度は高まります。上司との約束が部下の行動を後押しするからです。

確認して、

「うまくいきました！」

ということなら問題なし。

しかし、

「いや、ちょっとできなかったんですよ……」

ということなら、さらに質問を重ねる必要がありそうです。

「今回はできなかったけれど、次回までにはこういう行動を取りたい」といった、今後の具体的な展望を続けて口にする人であれば、任せて大丈夫そうですから、

「わかった。じゃあ次回聞かせてください」

で終われます。理想的です。

一方、「いやあ……」と笑ってごまかそうとするような、「これは放っておけないな」「きっとまた同じ状況になるな」と心配になる部下もいるでしょう。

上司として、部下がそういうタイプかどうかは、観察していればわかるはず。

この手の人に対しては、こんな質問がいいかもしれません。


「まずは何から取りかかろうとしてる？」

「まずはどんな準備をしたらいいと思う？」

「いつからなら、取りかかれる？」

「今日できることはあるかな？」

「次のセッションまでに、何％まで進められそう？」

こうして質問することで、より具体的に「何をするか」をイメージしてもらいましょう。行動のイメージが具体的、かつすぐに取りかかれるような簡単なものであればあるほど、部下は最初の一歩を踏み出しやすくなります。

動きだすためのエネルギーを補給してやる

それから、

「部下が行動しないのは、行動しないだけの理由があるかもしれない」

ということも、頭の片隅に置いておかねばなりません。

部下が行動を起こすのを邪魔している、なんらかの問題やトラブルがあるかもしれないということです。

「何が行動の妨げになっている？」

と聞いてみて、部下が問題を抱えていないか確認してみましょう。

「根回しが必要だけど、隣の部の部長が怖くて……」

「今までやったことのない分野だから、自信がない」

「先輩との関係性が悪すぎて、仕事が円滑に進まない」

他人から見れば些細なことに思える理由も、本人にとってはとてつもなく大きな壁に感じられることがあるのです。どんな困り事でも、

「それくらいのことで？」

「たいした問題じゃないでしょう？」

と軽々しく扱うことなく、真摯に受け止めてください。さらに、

「私も協力しようか？」

と助け舟を出すのもいいですし、

「どうなれば、一歩を踏み出せると思う？」

「何があれば、行動を起こせると思う？」

と質問することで、解決策を一緒に考えていくのもいいと思います。

エンストして止まってしまった車や、雪道でハンドルを取られて動けなくなった車を押した経験はありませんか？

車が動きだすまではものすごい力を必要とするのですが、少しでも動きだすと、とたんにタイヤは滑らかに回り始めます。急にふっと軽くなります。

止まっているものを動かそうとするには、大きなエネルギーを必要とします。でも、一度動いてしまえば、あとはそう難しくありません。

動きだすのを躊躇している部下も同じです。

自分で動きだせるほどのエネルギーがないのであれば、上司であるあなたが後押ししてあげてください。

「肯定的な意図」があるとき

また場合によっては、やるべきことをやらない、という状況は、上司から見れば当然ネガティブな出来事です。ただ、**部下には部下なりの、行動を起こさないだけのポジティブな理由、言い換えると「肯定的な意図」が存在する**場合があります。

たとえば、

「仕事を進めるにはAの部署に確認することがあったが、繁忙期でみんな忙しそうにしていた。こちらは急ぎではないし、少しスケジュールをずらすことにした」

「作業に使うフォーマットを近々変更するという話を聞いた。変更前に作業すると、仕事が無駄になるのではないかと考え、変更を待つことにした」

「新しい仕事を任された後輩が、やり方がわからず非常に困っていたので手を貸していたら、こちらに手をつける時間がなかった」

……などなど。

部下なりに最善の選択をした結果、「やると決めた仕事ができなかった」というネガティブな結果を引き起こしたというわけです。

もし、その理由に筋が通っているのであれば、

「わかりました。次回までによろしく」

ですませればいいでしょう。

逆に、ちょっと工夫したり、気を利かせたり、誰かに助けを求めたりすることで解決できることなら、それに気づいてもらうべく、話を続ける必要があります。

とにもかくにも、やらなかったことには部下なりの理由があり、それを聞かないことには次の手を打つこともできません。

だから、まずは質問してください。

人は「やるべきことをやらなかった」と聞くと、すぐにそれを「よくない」「間違っている」と捉え、その人を叱責しがちです。

しかし、本当に大事なことは、その行動の裏にどのような事情や考えがあったのかを知ることにほかなりません。

これをわきまえている上司と、そうでない上司との間には、雲泥《うんでい》の差があります。

部下に信頼され、心を開いてもらえるのは、もちろん前者。あなたにもその一人になってほしいと思います。

questioning skill

6

部下が本音を話していないように見えるとき

上司の勘は意外と当たる

部下が、

「はい、いいと思います」

と真顔で言ったとき、上司であるあなたが、

「本当にそう思っているんだろうか？」

と、どこか違和感を抱いたのなら、十中八九、部下は「いい」と思っていません。

上司の勘は、意外と当たるものです。

とくに、部下と二人で相対している「1on1ミーティング」のときに抱く違和感は、見過ごさないでほしいと思います。

「この人の〝心の声〟はなんと言っているだろう?」

と、自問してみてください。


私の会社では、実際の上司と部下の間で行なわれた「1on1ミーティング」の録画をチェックして、よりよい「1on1ミーティング」にするためのフィードバックを行なっています。その中で、印象に残ったものがありました。

それは役員クラスの上司と、部長クラスの部下との間で行なわれたセッションでした。すでに信頼関係もしっかり構築されているようだと感じるほど、部下の方は自分が話したいように話されているように私には見えました。

しかし、上司の方がふいに、

「……それで、ぶっちゃけどう思ってる？」

と尋ねたのです。すると、

「コーチングは脇に置いて、本音で話してもいいですか？」

と部下が答えたではありませんか。

私の目には遠慮などなさそうに見えていたのですが、「ぶっちゃけどう？」と質問を重ねたということは、上司には部下がまだぶっちゃけていないように見えていたのでしょう。上司の勘はやはり侮れません。

そもそも、コーチングとは本来、本音を話す場です。

しかし、部下が「ぶっちゃけるには、コーチングを脇に置いておく必要がある」と考えたということは、「これはコーチングなのだ」という認識があることで、かえってその人の言動は制限されてしまっていたということ。

新しい発見があり、とても勉強になりました。

「ぶっちゃけ、どう思っている？」はいい質問

とにかく上司はこのひと言で、部下の本音を引き出すことに成功したのです。

両者の間にどのくらいの関係性が築けているかも関わってきそうですが、部下からある程度の信頼が得られていると自信があるなら、

「ぶっちゃけ、どう思ってる？」

と聞いてみるのも、部下の本音を引き出す「いい質問」になりそうです。

かつて飲みニケーションが行なわれていた時代には、

「今日は無礼講だ！」

と言われて本気にし、洗いざらい本音をぶちまけたら、次の日、上司との間に険悪な雰囲気が漂うことになってしまった……なんてこともあったでしょう。

しかし、**「1on1ミーティング」では、そこで話し合われた内容は、基本的に外部には持ち出せない**という約束があります。

上司が部下の話を聞いて、これは社内で共有したほうがいいと判断した場合でも、必ず部下の許諾が必要です。

こうしたルールがきっちり浸透していれば、部下も本音を話してみようかな、という気になると思いませんか。

私がお手伝いする「1on1ミーティング」には、この「ここでの話は他言しない」というルールのほかにも、「時間厳守すること」「相手の話を批判しない」「お互いにこの時間を有意義なものにするために努力する」などのグランドルールが用意されています。

これを毎回のセッションの前に、上司と部下それぞれに読み上げてもらいます。

慣れてくると、みなさんルールを覚えてくださるので、「いちいち読み上げる必要はないのでは?」という意見も出てきます。

実際にやらなくなった方たちもいたのですが、その結果、最初のころはうまくいっていたセッションは、雑談で終わるようになってしまったと反省されていました。

これから行なう「1on1ミーティング」の目的は何か、このセッションがどんなルールに則《のっと》って行なわれるのかを事前に確認する儀式的な取り組みが、単なる雑談になることを防ぎ、「1on1ミーティング」本来の効果を得やすくすることに役立つのです。

「1on1ミーティング」を実際に始める前には、きちんと取り組み方のルールを決め、その情報を社内でしっかり共有しておくことが大切です。

「話す場所」を変えてみる効果

もし、セッションを何度かくり返しても、「いい質問」を駆使しても、部下の緊張がいつまでもなくならなかったり、どうにも話が弾まなかったり、当たり障りのない話に終始してしまったりすることが続くようなら、「いい質問」とは別の手立てを考えましょう。

たとえば、場所を変えてみます。

「1on1ミーティング」は、日常から離れて行なわれることがとても大事なポイントで

1on1のグランドルール

1. 基本ルール

① 時間厳守
② テーマ(話題)は部下自身で決める
③ 相手の話をさえぎらず、批判や否定をしない

2. 上司の心構え(読み上げ)

① 私は、○○さんの許可なく、1on1の内容を誰かに話したり報告したりしません。また、評価にも一切関係しません。安心して話してください。

② 私は、○○さんの力になりたいと思っています。必要であれば、遠慮なく協力や助けを求めてください。できる限りの努力をするつもりです。

③ この時間は、○○さんが自由に話せる場です。基本的に私は「聞き役」となりますので、助言がほしい場合は「助言がほしい」と言ってください。

3. 部下の心構え(読み上げ)

① 私は、この時間を有意義なものにするために、積極的に取り組みます。

② 私は、この時間で得られたことを、積極的に活かしていきます。

す。つまり執務スペースではなく、会議室などの場所を確保して、一対一でセッションを行なうのが基本です。ほかに誰もいないところで、二人になって話をするというのが大前提です。

逆にいえば、これらの点が守られるのであれば、会議室でなくとも構いません。人もまばらな公園のベンチに座って、会話してもＯＫ。周りに人があまりいなければ、カフェなどでお茶をしながらでも大丈夫。間仕切りのあるお店でランチをしながら……というのもいいですね。

以前、ある経営者のクライアントとは、いつもは会議室でコーチングを行なっていたのですが、年一回だけ、春の季節に、桜並木を二人で歩きながらコーチングする、お花見コーチングをやっていました。

すると、普段のコーチングで出てくる言葉とは違うものが、やはり飛び出してくるのです。クライアントが語ってくれる未来の姿が、いつもよりずっとワクワクできるようなものになりました。

もっと心を開いて話してほしいときには、場所を変えるのもいい選択です。日常の場所から離れた、二人の空間が作れるスペースを探してみてください。

部下の違和感や緊張感を察するには、やはり部下をしっかりと観察することに尽きます。

具体的にいうなら、たとえばセッション中は極力メモを取りません。

メモ帳とペンを目の前に置いてしまうと、自然と視線はメモ帳に向いてしまいます。顔は下を向き、部下と目が合いません。つまり、部下の顔が見えません。

それでは、部下の感情の動きや、もの言いたげな様子や、つまらなそうだったりするネガティブな態度も、すべて見逃してしまうでしょう。

もっとも、話の内容によっては、次回確認しなければいけないことや、記憶しておかなければならないこともあるでしょうから、私はセッションが終わったあとに振り返って記録しておくようにおすすめしています。

どうしてもセッション中にメモしておきたいなら、あとで思い出すためのヒントになるキーワードだけをささっと書いておくなど、最低限に留めましょう。

questioning skill

7

部下が上司に質問ばかりするとき

アドバイスをする前に部下に確認しておくべきこと

先にお伝えしたように、私はクライアントの「1on1ミーティング」のセッションを見る機会が多くあります。

上司と部下が一対一で会話し、関係性を深めていくことが目的なのですが、部下の方からの要望としてよくあるのが、上司に助言を求めるケースです。

仕事の悩み、プライベートの悩みについて、自分より経験豊富な年長者からアドバイスがほしい、という気持ちはよくわかります。

何度もくり返していますが、「1on1ミーティング」は部下のためのものです。部下が期待するのであれば、ぜひ上司としてアドバイスしてあげてほしいと思います。


ただ、注意点が一つ。

部下に助言を求められ、それに上司が答えるという流れは、ともすると上司ばかりが長々と話し続けてしまう展開になりがちなのです。

「1on1ミーティング」によって、上司と部下がお互いについての理解を深めるために必要なのは、会話のキャッチボールをすること。

部下が語り、上司が聞く。上司が語り、部下が聞く。

このくり返しをすることです。

ところが、

「上司からの助言がほしい」

「上司の意見が聞きたい」

と望んでいる部下は、セッションが始まると、ここぞとばかりに上司に質問し続けてしまうことがあります。


「自分の成長のために、今すべきことはなんだと思いますか？」

「会社が私に求めているのは、どんなことでしょうか？」

「チームの目標達成のために、私は何ができると思いますか？」

「どうしてこの会社に入社を希望されたのですか？」

「仕事でもっとも大切にされていることはなんですか？」

「プレゼンのとき、一番力を入れているのはどんなことですか？」

「人間関係のトラブルに、どう対処されましたか？」


……会社やキャリアについての質問から、日々の業務に関する質問まで、部下はいろいろなことを聞いてくると思います。

質問に対しては上司として、ぜひ真摯に答えてあげてほしいのですが、その前に、

「あなたなら、どう考える?」
「君はどう思っているの?」

と、聞き返してみることが重要です。

「どう思いますか?」と質問してはいるけれども、本音としては「自分自身がそれについて言いたいことがあるから聞いてほしい」ということもよくあります。

プレゼンのノウハウについて聞きたいのは、まさに今、プレゼンの資料作りに四苦八苦しているからかもしれません。

人間関係のトラブルについて質問したのは、先輩や同僚との軋轢《あつれき》を抱えて悩んでいるからかもしれません。

この場合、上司が質問に答えて終わり、となると、部下は本当に言いたかったことが言えずにストレスが溜まってしまいます。

質問を返すベストタイミング

もちろん、純粋に上司の話を聞きたい、という場合もありますよね。
つまり、本音がどちらかわからない。
だから、最初に探りを入れてみましょう。
質問の内容に関して、

「何か心配事があるかい？」

「困っていることがある？」

と確認してみても構いません。実際に悩み事や心配事があれば、口火を切るきっかけになります。

「ただ、お話を聞いてみたかっただけなんです」

ということであれば、「そうか。私の考えはね……」と答えてあげてください。

そして答えたあとで、

「君はどう思った？」

「あなたの考えは？」


と、質問を返しましょう。

会話のキャッチボールが成立するように、常に意識して受け答えをすることが大切です。

部下が主役の「1on1ミーティング」ですから、**発話量の目安は、部下が7割、上司が3割**です。上手にバランスを取ってください。

といっても、これはそれほど簡単なことではありません。

どのタイミングで部下に対する質問を挟むのか、ここは上司の力量が問われます。

部下から質問を受けるたびに、

「君はどう思う？」

と返していたら、

「もういいから、すんなり答えてくれないかな」

と部下をうんざりさせるに違いありません。まったく見当もつかないから、切実な思いで上司に助けを求めているのに、

「まずは、あなたの考えを聞かせて」

と即座に質問を返されては、うまく答えられない自分に落胆し、すっかり自信を失ってしまう可能性もあります。

だからといって、上司がただ質問に答えるばかりになってしまうと、部下が自分の中から答えを見つけるせっかくの機会を失ってしまうかもしれません。

キャッチボールのバランスの取り方に不慣れなうちは、とりあえず**部下の質問に簡潔に答えてから、「あなたはどう思う？」と質問を返してみる**のもいいと思います。

そこで部下から返ってきた答えに関して、「いい質問」を駆使しながら部下がさらに考えを深めていけるように、サポートしてあげてください。

おわりに

以前、名古屋で活動していたときに、プロコーチとして長期にわたってサポートさせていただいていた経営者の方と、2年ぶりに会って、東京で食事をしていたときのことです。

「目標としていたことが、ほぼ実現できそうなところまできている」と、うれしいご報告に加え、彼は次のように話してくれました。

「林さんとのコーチングが終わったあとの2年間、私は『エアコーチング』をしていたんですよ」

「エアコーチング」とは、私も初めて聞いた言葉でした。

「コーチングセッションのときに林さんが座っていたイスと向き合い、『もし、今、林さんがここにいたら、どんな質問を投げかけてくれるだろうか?』と考えて、自分で自分にコーチングをしていたんです」と。

私は、「コーチとしての自分の残像がクライアントに影響を与え続けていたとは!」とコーチングの可能性の大きさを感じるとともに、感動を覚えました。

彼は「エアコーチング」と表現しましたが、自分で自分に行なうコーチングのことを、われわれは「セルフコーチング」と呼んでいます。

何がいいたいかといえば、クライアントは、コーチから良質な質問を受け続けることによって、自分自身に問いかける質問も良質になる――。

つまり、「セルフコーチング」が上達するということなのです。

あなたが「いい質問」を部下に投げかけ続けることで、部下のセルフコーチング力が高まっていきます。

そして、あなたがいない場面でも、部下はセルフコーチングによって、自ら気づき、学び、動き、成長していく。つまり、「自走力」が高まるのです。

私が代表を務める法人は、「『一緒に働きたい』と言われるリーダーづくり」をスローガンに掲げて活動しています。

この本を読まれたあなたが、周囲の人たちから「一緒に働きたい」と言われるような魅力的なリーダーとして活躍されることを心より願っております。

最後までお読みいただき、ありがとうございました。心より感謝申し上げます。

林　英利

いい質問《しつもん》が部下《ぶか》を動《うご》かす

著　者――林　英利（はやし・ひでとし）

発行者――押鐘太陽

発行所――株式会社三笠書房

〒102-0072 東京都千代田区飯田橋3-3-1

https://www.mikasashobo.co.jp

印　刷――誠宏印刷

製　本――若林製本工場

ISBN978-4-8379-4028-9 C0030

本書へのご意見やご感想、お問い合わせは、QRコード、
または下記URLより弊社公式ウェブサイトまでお寄せください。
https://www.mikasashobo.co.jp/c/inquiry/index.html

三笠書房

働き方
「なぜ働くのか」「いかに働くのか」

稲盛和夫

成功に至るための「実学」
――「最高の働き方」とは？

■昨日より「一歩だけ前へ出る」■感性的な悩みをしない
■「渦の中心」で仕事をする■願望を「潜在意識」に浸透させる■仕事に「恋をする」■能力を未来進行形で考える

人生において価値あるものを手に入れる法！

最高のリーダーは、チームの仕事をシンプルにする

阿比留眞二

花王で開発され、著者が独自の改良を重ねた「課題解決メソッド」！

◆会社の「問題」と、自分の「課題」を混同するな
◆チームの仕事を「絞り込む」のが、リーダーの役目
◆「優先順位」だけでなく「劣後順位」も明確に決める
◆会議、段取り、情報共有…生産的な「職場のルール」
◆5タイプ別「シンプルかつ効果的な部下指導法」他

一瞬で自分を変えるセルフコーチング
最高の「気づき」を得る、自問自答の技術

林　英利

大和ハウス、トヨタを経て、プロコーチに。
2000人をサポートしてきた著者が指南する
シンプルかつ究極の〝自己改革メソッド〟

ポイントは、自分にいい質問を投げかけること。いい質問は、いい「気づき」や「学び」をもたらします。それが時として一瞬で自分をガラリと変えることもあるのです。

――自分自身が「強力な味方」になる！

T30395